# INOGE Nº 108

Cover PHOTO
KUNIYOSHI TAIKOU

# THE ART OF MEMORY

PETIT KASHIMA

俺の人生にも、一度くらい幸せなコラムがあってもいい。

VOL.107

KAMINOGE COLUMN

# 「役に立たない」とは何か？

プチ鹿島

プチ鹿島（ぷち・かしま）
1970年5月23日生まれ。芸人。
TBSラジオ『東京ポッド許可局』（月曜24時〜）出演中。

『極夜行』（角幡唯介／文藝春秋）というノンフィクションはご存じだろうか。

太陽の昇らない冬の北極を1匹の犬とともに旅をし、4カ月ぶりに太陽を見る。文字通り真っ暗な世界をずっと犬ぞりで走っていた。GPSなしで。なんという変態。こういう冒険をやって書いてくれるから野次馬にはたまらんのです。

ちなみに角幡氏には『雪男は向こうからやって来た』（集英社）という傑作もある。

雪男の存在など信じていないガチの探検家の角幡氏が、ひょんなことから雪男探検隊に加わる。皮肉にも自分が世間の冷笑的な反応に出会う。複雑な状況、絶妙な立ち位置。《足跡を期待する反面、わたしはそれを確認することに変なためらいも感じていた。二律背反的な奇妙な感覚…。雪男の足跡を見てしまうのが、わたしは怖かった。》（同書より）

これはプロレス本でもあったと私は思っている。

そんな角幡氏が今年グリーンランドを探検して帰国すると、日本では「不要不急」という言葉が議論を呼んでいた。そのタイミングで取材に来た若い記者は角幡氏にこう言った。

「探検は社会の役に立っていないのでは？」

角幡氏は驚いた。そのエピソードを知った私もギョッとした。

誰もが社会の役に立たないとマズいのか？

探検なんて必要ないのか？　こんなことが問われてしまう今。この問題に対し、朝日新聞（10月1日）のインタビューで角幡氏はあらためて語っていた。いくつか抜粋する。

「そもそも探検とはシステムの外側に出る行為だから、ある意味、社会や時代の価値観の否定でもあります。にもかかわらず、『社会の役に立つ』という、全く逆の文脈で問われたことにびっくりしたんです。極夜を見に行くことが社会の役には立つわけがないでしょう」

「社会の役に立つ基準とは、生産性に寄与することだと思います。国家や企業は、国力や利益のために有為な人材を求めます。公共心や道徳心も含む『社会の役に立つ』

人材を求める。『役に立つ』の裏には、『役に立たない』人たちが想定されています」「己の内側からわき起こってくるものに従って生きることで、人の人生は固有のものになる。これが内在の論理であり、内在を経なければ、人生は外からの価値観を生きるだけになる」

これらの言葉が響いたので私はラジオで話した。「役に立たない論」として。するとこの放送を角幡さん自身も聴いてくださったそうで、おもしろいとつぶやいてくれた。マスコミ関係者からも感想をメールでいただいた。考えさせられたのは次のくだり。

《今の若い子たちは「これまで社会の役に立ってきましたか」と聞かれる場面が多いそうです。最近はＡＯ入試が主流らしく、面接でよくこの質問が聞かれるそうです。なので、この質問の答えを用意するために、ボランティアをしてみたり、社会貢献と言われるものに取り組んだりするそうです。「本末転倒」ってやつです。》

ああ、大学受験で「これまで社会の役に立ってきましたか」と質問されるのか……。メールによれば学生たち自身も疑問を感じているんだとか。

それにしても「役に立つかどうか」で判断される社会って気味が悪い。これってセットで考えると何でもかんでも「感動」を絶賛する風潮にもつながっていないだろうか。

角幡氏はこんなことも言っている。

「テレビで、医療従事者の献身的な労働に対し、小学生が笑顔で拍手をしている映像を見ました。感謝は本来、個人的な出来事を通じて自分の内側からわき起こる気持ちなのに、その内側が感じられず意思のないロボットみたいで少し不気味でした」

皆が求めているように見える感謝や感動に、小学生までもが空気を読んでいる。

そういえば、防衛省が医療従事者のためにという体でブルーインパルスを飛ばしたときのあの「感動」。

当時の河野太郎防衛大臣は、率先して自分のツイッターアカウントで情報を書き、〝みてくれ太郎〟というハッシュタグをつくっていた。あらためて考えるとあれは「感動」の政治利用だったのだと思う。「感動」の公私混同にも思えた。だめだろ太郎。

『ルポ 百田尚樹現象』（石戸諭／小学館）では、百田氏がもっとも大切にしているものは「感動」だと石戸氏は指摘している。それをもとに私は本誌１０４号の「百田尚樹＝ブッチャー説」で次のように書いた。

《やりすぎたってべつにいい。「感動」や「いい話」には被害者がいないからだ。「日本スゴイ」論が出てきた背景にはまさにこんな下地があったのではないだろうか？その行く手に「この国に生まれてよかった」という謎の主張や確認が出てくるのではないか。》

さぁ、ここでひとつの見立てです。「役に立たない」と「皆で感動を求める」を１本の線でつないでみよう。そうすると「皆で感動できるなら多少盛ってもずさんでもＯＫ。そのかわり、社会や国の役に立たないことを言ったりやったりするヤツは白い眼で見る」とならないか。

ということはですよ、多数派なら冷静な指摘をされてもあれもこれも混ぜて強引に押し切ればいい。感動を煽りながら少数派は排斥すればいい。こんな論理だって究極的には成立してしまうのではないだろうか。

# KAMINOGE MUD SHAKES

## イエ～イ! 今年もババッと録った ニューアルバムが聴ける!

収録日：2020年11月5日　撮影：タイコウクニヨシ　聞き手：井上崇宏

# 甲本ヒロト

【ザ・クロマニヨンズ】

「俺の場合は持続させるための努力とか、
存続させるための努力っていうのは
これまでもしたことがないんですよ。
そういう努力をすることは
ダメなことなんじゃないかって。
がんばらないと続かないものなら
終わってもいいんだよ」

Artwork by Shusaku Takaoka

## いまの自分んちは家というよりも子どもの頃にあこがれていた秘密基地に近いから、それはいて楽しいですよ

――今年はコロナでいろいろと大変ですが、お元気ですか？

**ヒロト**　元気なんですよ。無駄に。

――ずっとお元気。

**ヒロト**　元気だねえ。でも他人から見たらどうかはわからないよね。こういう商売って、急にやらなくなると精神を病む人もいるからね。それって自分じゃ気づかないから、教えてね、俺がおかしくなったら（笑）。

――「いえいえ、とても元気そうには見えませんよ」と（笑）。

**ヒロト**　そうそう（笑）。言ってくれないと自分じゃ気づかないもん。逆に妙にハイになったりする可能性もあるし、ちょっと自分ではアウト・オブ・コントロールですね。

――今年はツアーが途中で中止になっちゃったり、たぶん通常なら夏フェスの出演予定とかもあったかと思うんですけど、それでも12月にアルバムが出るっていうことはレコーディングや音楽活動はずっとやられていたってことですよね？

**ヒロト**　もちろんです。レコーディングもどうしようかなって言っていて、緊急事態宣言みたいなのがあって、何が緊急事態なのかよくわかんないんだけど。でも、そんな大げさなことになってるんだったらちょっと家にいるかって、様子を見ながら最初の緊急事態が明けるまで待って、安全だっていうときにババッと録った。まあ、急いでやらなくてもいつも早いんだけどね。そんな感じでやったんだよ。

――もともと、ずっと家にいるのは苦じゃないほうですよね？

**ヒロト**　そうだね。もともとそう。子どもの頃からだよ。家が好きとかじゃなくてめんどくさい（笑）。

――出かけるのが（笑）。

**ヒロト**　そうそう。でも、いまは家が好き。子どもの頃と違って満足な秘密基地としての家があるわけですよ。好きなレコードはある、観たい映画もだいたい揃っていたりとか、本もおもしろいものがいっぱいあったりとかする。図鑑も買いたい放題じゃないですか。そういう意味では、いまの自分んちは家というよりも子どもの頃にあこがれていた秘密基地に近いから、それは楽しいですよ。

――もともとレコーディングも早いし、家にいるのも楽しいと。ボクもここ2年くらいは事務所でひとりで仕事をしていて、言ってしまえばコロナの前からテレワーク状態なんですよね。通勤も徒歩だから、あんまり日常のスタイルに変化がないんですよ。

**ヒロト**　それはいいね。逆に人がいっぱいいる大きな会社の

ほうがいろんなことを気にしながらやっているんじゃないの？そういう意味では俺たちバンドも4人だけだし、会社もそんなに大きくはしていないからね。でもまあ、ライブができないのがいちばんツライかな。

——いまはエンタメが、音楽もそうですし、プロレスなんかもそうですけど、なかなかガッツリと人を集めてライブできないっていう状況で、一時期はプロレスも無観客でやってたりとかしていたんですけど。

**ヒロト**　巌流島じゃん。

——巌流島のアントニオ猪木vsマサ斎藤状態で（笑）。

**ヒロト**　まあ、あれは自分たちから望んで無観客で闘ったんだけどね。

——ミュージシャンの方たちもライブ配信をやったりとかいろいろと試行錯誤して、いかに活動を持続させていくかっていう作業をやられていますけど、そのあたりについてはどういうふうに見ていましたか？

**ヒロト**　なんかね、これはもうラッキーとしか言いようがないんだけど、俺の場合は持続させるための努力とか、存続させるための努力っていうのはこれまでもしたことがないんですよ。それを最初に感じたのはブルーハーツを辞めるときで。存続させるための努力をするってことに対して「ダメなことなんじゃないか？」って思ったのね。

——「もったいないんじゃないか」と思うこととか。

**ヒロト**　なんとか長く続けるために何かをがんばるとか、終わらせないための努力をするとか、「そんな努力が必要なものだったら終わっていいじゃん」って思ったの。あの時点でそう思った記憶があるから、そんなことは一度も考えたことがなかったってことだよね。で、じつはいまも考えてない（笑）。

——それはリアルな本音っぽいですね。

**ヒロト**　本当に考えてないの。だからまわりの人は心配なのかなって思うけど、特に不安もないのね。がんばらないと続かないものなら終わってもいいんだよ。

——今日、ボクはヒロトさんにある告白をしに来たんですけど、これまでも「クロマニヨンズ気取り」で仕事をやっていますとか数々の舌禍事件を起こしてきたわけですが（笑）。

**ヒロト**　クロマニヨンズ気取りな（笑）。

——さらにここにきて、「なんか俺、ロックンロールを実践できてないか？」ってふと思う瞬間まで出てくるようになってまいりまして（笑）。

**ヒロト**　ああ、なるほど。「ロックンロールとは何か？」っていう捉え方は人それぞれでいいと思うよ（笑）。

——アハハハハッ。じつはボク、ロックンローラーなんです（笑）。

**ヒロト**　でもそれはいいことだね。

LOVERS

## 爆発って全方向に行くから、自分が爆発として存在していればその瞬間は上も下も関係ない

——甲本ヒロトさんに向かって、「ボクもロックンローラーになりました！」って言うというゲームです、今日は（笑）。

**ヒロト**　おお、そうか。始めて、すぐに言ったな（笑）。

——緊張しちゃったんでしょうね（笑）。

**ヒロト**　ロックンロールってなんでしょうね。俺はね、じつはまだちゃんと言葉にできていない、できたことがないと思っているんですけど、ただよく聞かれることだから一生懸命に考えてみるんだけど。なにしろ12歳のときにロックンロールが聴こえてきて、わけのわからないものに衝突したわけですよ。ドカーンとぶつかっちゃったのか、それとも落とし穴に落っこちたのかもわかんないくらい突発的に起きたの。そこで起きたことに対して冷静に分析することはできないんだけど、そのときに何もかもが変わったような気がしたんです。なんとかそれを俯瞰して見ようとするんだけど、「じゃあ、何が変わったんだろ」って思ったら、価値観ってやつが変わったんじゃなくて、なくなったの。

——価値観がなくなった。

**ヒロト**　そうしたら、世の中に存在する上下がなくなったんですよ。たとえば、かけっこだったら0コンマ1秒でも速いヤツが絶対に上じゃん。数字で表せるよね。何にしてもたいていのものは数値化できるんです。それで価値観って決まる。「お金持ちだろ〜?」って言って何億円も持ってる。俺は10円しか持ってない。「じゃあ、おまえの勝ちだ」とかいっぱいあるじゃん。そういうのが全部一瞬で関係なくなったんだよ。どうでもよくなった。そう思わせてくれた何かに衝突したんだけど、漠然とそれがロックンロールじゃないかなって俺はいまでも思ってるんだけど。偉くないの、絶対。

——そのときに一気に全部理解したんですか？

**ヒロト**　理解じゃないの。なんか感覚として「あっ、関係ねえ！」って思った。子どもってみんなそれぞれコンプレックスを持ってるじゃない。「俺、大丈夫かな？」みたいな。そんなのが一瞬なくなるんだよね。もちろん普段生活をしていたら不安なことはいっぱいあるよ。でも、なんかその一瞬スカーッとしたんだよね。「こんな気持ちをいつも感じていたい。どうすればいいんだろう？」と思ったら、「あっ、音楽を聴いていたからこうなったんだ。じゃあ、もっと聴きたい！」と思ってレコードを死ぬほど聴くようになった。取り憑かれたようにね。それですよ。

——たぶん、ヒロトさんが12歳のときに「関係ねえ！」ってなった感覚に、いまボクもなれたのかなって、聞いていて思いました。

**ヒロト**　あっ、そう？　いいね。それはいいことじゃん。

――50前にして。ボクはスーパー後天性ですので（笑）。

**ヒロト**　遅いな（笑）。

――これはコンプレックスでもあるんですけど、凄く一般的な感覚を持った人間なんですよ。

**ヒロト**　それで自分にリミッターをかけちゃうってことがいっぱいあるよね。

――いまだにリミッターをかけ続けているんでしょうけど、そこから徐々に解放されてきたというか。原稿を作ったりとかしていると、ボクなりに爆発をしている瞬間があるわけですよ。誰も見ていない状況でひとりでひっそりと、ずっと無観客で小爆発しているんですけど。

**ヒロト**　雑誌作りはそうかもしれないね。まさに爆発っていうのがおもしろくてさ、爆発って全方向に行くじゃん。自分が爆発として存在していればさ、その瞬間は上も下も関係ないでしょ。

――生きていてその瞬間がいちばん楽しいですよ。たくさんお金もほしいなとか思っていたりもするんですけど。

**ヒロト**　当たり前だよ。こんなことばっか言ってると俺が無欲な人間かのように聞こえるけど、ちゃんとお金を稼げばうれしいよ。

――もちろんそうですよね。それでも、他人のことが本気でうらやましくなくなってきたというか。「たぶん、俺のほうが楽しくね？」みたいな（笑）。

**ヒロト**　そう！　そうそう。それはね、俺は10代からずっとそうだよ。誰かをうらやましいと思わなくなったんだよ。そのかわり自分は好きなことをやる。だから誰かに自分のことを「おまえはいいよな」とか「おまえがうらやましいよ」って言われたら、「じゃあ、なんでおまえはやらないの？」ってなるんだよ。「何が原因かわかってんの？」って。で、「俺のことをうらやましがるのはいいけど、そのかわり妬むなよ」って。めんどくせえから。

――邪魔だけはするなよと。

**ヒロト**　どうなんでしょうね。そうなったからってみんなから好かれるか嫌われるかは、それはまた別の問題で「そういうヤツは嫌いだ」って言うヤツもいるわけだしさ。

――こっちも自分の好きなことをやっている途中で、何か人に迷惑をかけているかもしれないですし。

**ヒロト**　かもしれないよね。それはちょっとあるけどね。

## 寝なきゃ死ぬ、食べなきゃ死ぬっていうのは全員一致してるけど、我々がやっていることは一致しなくて当たり前

――あとは同じような思いで好きなことをやっている人とも、

折り合いのつかない部分ってありますよね。

**ヒロト**　それはあるだろうな。でも、人間みんなあるんじゃもともと俺たちはどうでもいいことをやっているわけだからね。どんな場面でも。どうでもいいことであって、どうやったっていいことであって、どうなってもいいことを日々やっているわけじゃないですか。それがたまたまうまく転がって生活できているだけ。そのどうでもいい、どうやったってい い、どうなってもいいことっていうのは人それぞれ違うよね。たとえば寝なきゃ死ぬし、食べなきゃ死ぬしっていう、そこはもう全員一致するところなんだけど、でも我々がやっていることは一致しなくて当たり前のことだから、折り合いのつかないことってあると思う。よくさ、完璧主義者っているじゃない。自分の思い描いた音楽を表現するために「そこがいま一拍違った！」とかさ、「いまちょっと何キロヘルツがどうこう」とか、アルバムを全部録り終えたあとに「やっぱ気に入らねえ。もう1回やる」だとか。そうなってくると余計にぶつかると思うよね。そういう部分は自分の中でもないことはなくて、あった時期もある。だけどいまはだいぶ少ないと思う。だって「どうでもいいじゃん」って思うんだよ。「パーンとやって楽しかったなって思っていればそれでいいだろ」っていう気がするんだけど。

——爆発していたかどうか。

**ヒロト**　作り込んでキッチリやっていくのもそれはそれで楽しいんですよ。その楽しみもわかる。

——ちなみに今年出会った人の中でいちばん「どうでもいいじゃん」って感覚が強いなーと思った人は、西村知美さんですね（笑）。

**ヒロト**　あっ、おもしろかったねえ、あの人のインタビュー。

——西村知美さんはパンクスです（笑）。

**ヒロト**　あれはもう最高ですね。

——もうすっかり連載みたいになっちゃっているんですけど、あの人は歌も歌えないんですよ。

**ヒロト**　歌手なのに。それは自分で認めてたよね。

——お芝居もできないんですよ。

**ヒロト**　それも自分で認めてるよね（笑）。

——番組の司会もできないんですよ。なのにいまだにずっとニーズがあるっていう、えも言われぬ人としての魅力（笑）。

**ヒロト**　凄いね。あの感じはやろうと思ってできることじゃないよ。私生活とかどうなってんのか気になっちゃうよね（笑）。

——そうなんですよ。「大丈夫なのかな？」って（笑）。

**ヒロト**　でも大丈夫だからちゃんとやっていけるんだよね。

——だって、自宅の植物に歌を歌ってあげてたら枯れたんですよ？（笑）。

**ヒロト**　それ、本当に歌のせいなの？（笑）。

――「植物は話しかけるとよく育つ」って言いますよね。科学的にもまだ「そんなことはありえない」とは言い切れないみたいで。

**ヒロト**　サボテンなんかも「話しかけるといい」って言うけどね。

――西村さんはそのサボテンを自らの歌声で枯れさせたんですから（笑）。

**ヒロト**　俺はなんとなくサボテンっていうのは日本の湿気と合わねえんじゃねえかって……これ、真面目な話になっちゃうけど（笑）。そんな気がしててさ。俺もでっかいサボテンを部屋に置いていたことがあるの。「デカイのがいい」と思って。そうしたらね、ある日なんにもしていないのに部屋の中ででっかい音がしたんだよ。ラップ現象みたいな「パキーン！」って音が。「なんだ、いま⁉　すげえ、でっけえ音がした！」と思って見たら、サボテンがボッキリ折れてたんだよ。毎日ちょっとずつかしげていったとかじゃなくてさ、ある日突然ボキーッと折れたの。「なんだこれ⁉」と思って。それは俺が歌ったからとかじゃないよ？　たぶん湿気のせいだと思う。

――湿度が合わずに、ずっと疲労を抱えていたってことですね。

**ヒロト**　そうそう。まあ、井上くんはいろんな人に会うもんな。長州（力）さんとかね。俺はね、『ＫＡＭＩＮＯＧＥ』を読むといつも「ああ、俺は普通だな」って思うよ（笑）。

――そんなはずは！（笑）。

**ヒロト**　いやいや、そういう効果があるね。『ＫＡＭＩＮＯＧＥ』を読むと「こんな俺でもまだ大丈夫だな」っていうね（笑）。

**褒められるとへそを曲げるし、『気持ちわりい！』って思うんだよね。やっぱ他人の『いいね』はいらない**

――ちょっとホッとしちゃう（笑）。そういう人たちを紹介するものを作っている途中で、「なんか俺って真面目だな」っていうので落ち込むってことは多々ありますけど。

**ヒロト**　まだ自分に気づいてないよ。そのうち井上くんがインタビューされてみればいいんだよ。

――いやいや、何をおっしゃいますか。

**ヒロト**　井上くんは誰にインタビューされたい？

――ええっ？　聞き手ですか？（笑）。

**ヒロト**　渋谷陽一は？（笑）。

――大御所！（笑）。渋谷さんってどういう人なんですか？

**ヒロト**　俺はいいと思うよ。最近はずっと会ってないけどね。渋谷さんの思考ってターザン山本にも近いような気もしているんだよね。俺は『ロッキング・オン』と週プロを並行して読んでいた時期があったから、「このふたりはちょっと思考回

JONATHAN RICHMAN AND THE MODERN LOVERS

路が似てるかもな」って部分をときどき感じてた。

――結局、あの人たちも「どうなってもいい」と思っていますもんね。

**ヒロト**　そうじゃなきゃできないよ。それでいいと思うけど。

――「業界が」とか「このジャンルを守るために」とかって、わりと考えていないですよね。

**ヒロト**　ああいう表現方法だということだよね。なんで渋谷さんの話になるの？

――えっ、誰かにインタビューされろっていう流れからじゃないですか（笑）。

**ヒロト**　そうだった（笑）。ふとインタビューされる側になったらおもしろいんじゃないかなって。だけど井上くんはさ、なんだかんだ言ってちゃんと子どもを育ててるじゃない？　それは偉いなと思うよね。

――えー。そうなんですかね？

**ヒロト**　だって子どもはさ、親がなんかいろんなことを言ってもちゃんと聞いていないんだよ。結局、親がやっていることを見ながら、どっか反面教師的に「こんな大人になりたくねえ」とか、逆に「お父さんみたいになりたい」とか思うんだよ。結局はやることを見てるんだよな。

――言うことじゃなくて、やることを。ああ、そうかもしれないですね。

**ヒロト**　「こんなことをやっているお父さん」を見てるんだよね。おもしろいなと思うよ。

――ヒロトさんはお父さんへのあこがれってありました？

**ヒロト**　俺はね、両方。かなりちっちゃいときから「大人は何もわかってねえな」って思っていたし、「ちゃんと子どものことを見てねえんだな」と。子どもはみんなそれに気づいてるんだよ。「大人は子どもをちゃんと見ていない」って。それでちゃんと見ないで叱ったりとか、ちゃんと見ないで褒めたりしてるなっていうのはずっと気づいてた。それがいけないって言ってるんじゃないんだよ。過度に大人に期待しないこと、それが普通だってことがちゃんと子どもなりにわかる必要がある。とにかくウチはクリーニング屋で、親父は家で働いてたから「どんだけしんどいんだよ？」と思った。「生きていくっていうのはしんどいんだな」っていうのを見ていて痛感したね。だから「早くラクになってほしいな」って思ったし。だから、あこがれっていうんじゃねえな、なんか途中からは心配してたよ。

――ボク、いまだに親から何か褒められると嬉しいって感覚があるんですけど。

**ヒロト**　俺はそれはないね。ガキの頃からない。親に褒められるってことは全然期待してなかったから。大人とか先生に褒められるっていう気持ち悪さというか居心地の悪さ。いまでもそうですよ。バンドとかやっていて冗談では言うんだよ、「もっと褒めろよ！」って。そう言うんだけど、じつは褒められるとへそを曲げる。「気持ちわりぃ！」って思うんだよね。やっぱ他人の「いいね」はいらないんですよ。自分の「いいね」がドーンと押せていれば、もう「いいね」はひとつもいらない。でもさ、井上くんが言う親からの「いいね」がほしいっていうやつ、それはそれでいい話だなと思うよ（笑）。

――いやいや、本当にいい歳して不甲斐ない話ですよ（笑）。

**ヒロト**　やっぱ俺のほうがちょっと薄汚れた人間になっている気がするな（笑）。

――これはハッキリさせておきたいんですけど、ヒロトさんはどれくらい薄汚れていらっしゃるんですか？

**ヒロト**　俺はもう泥です。

――泥！

**ヒロト**　レッド・ツェッペリンの『胸いっぱいの愛を』っていう曲があるじゃん。『Whole Lotta Love』。最初、中学生のときにあのタイトルを見て「あっ、俺の胸にいっぱいあるのは泥だな」って思ったよ。胸いっぱいの泥（笑）。もうずっと泥ですね。

――でも、ヒロトさんはそこをちょっとハッキリさせないじゃないですか。

**ヒロト**　えっ、そう？

――やっぱり凄くいい人です。

**ヒロト**　そう見えるの？

――っていう側面はあります。

**ヒロト**　ほうほう。

――凄くやさしい人です。

**ヒロト**　ええーっ？

――やさしいです。

**ヒロト**　それはやさしいんじゃなくて、どうでもいいっていう態度なのかもしれないね（笑）。

――ああ、いま一瞬で「あっ、そっちか！」と思いました（笑）。

**ヒロト**　だからあまり買いかぶらないほうがいいよ（笑）。

## 親父がわかっていなかったオリジナルの意味。それで俺がオリジナルにこだわったのかも

――だからあれですよね、ご実家のクリーニング屋さんの名前が『ドライ甲本』とはよく言ったもので（笑）。

**ヒロト**　そうそう！（笑）。看板に『ドライ甲本』って書いてあったからね。それはもう刷り込みですね。

――刷り込みでドライになった！　看板の持つ威力ってハンパないですね（笑）。

**ヒロト**　あとは「オリジナルクリーニング」って。

JONATHAN RICHMAN AND THE MODERN LOVERS

JONATHAN RICHMAN AND THE MODERN LOVERS

――オリジナルクリーニングってなんですか?
**ヒロト**　誰もわかんないの。
――って看板に書いてあったんですか?
**ヒロト**　書いてあったの。『ドライ甲本』の看板がだんだんボロくなってきて「新しい看板を作りたい」って親父が言うんで、「そうすれば」って言ったんだけど、それで作って飾ったときに「オリジナルクリーニング」って書いてあるんだよ。それで「お父さん、どこがオリジナルなん?」って聞いたら、「はあ?」って親父もオリジナルっていう言葉の意味がよくわかってないんだよね。
――どういう工程を経て、その看板ができあがってきたんでしょうか(笑)。
**ヒロト**　それで「オリジナルってどういうこと?」って聞いたら、「わしが自分の手でアイロンをかける。これはオリジナルと違うんか?」って言うから「それはどこの店でもやっとるで」って(笑)。「オリジナルっていうのは、ほかの誰もやっていないことをやるからオリジナルなんだよ」って言ったら「知らんかったわ」って。それでも、ずっと「オリジナルクリーニング」のまま閉店までやっていたけどね。
――それはロック問答ですね(笑)。
**ヒロト**　よくわかんないけど。それで俺がオリジナルにこだわったのかも。「俺は親父がわかっていなかったオリジナルの意味をちゃんとわかってるんだ!」って(笑)。
――アハハハハ! たしかにヒロトさんはドライですよね。
**ヒロト**　ドライです。もしかしたらドライになろうとしたのかもしれないし。
――というと?
**ヒロト**　それは好みです。何が好きかっていう。人間、あるときから好みってあるじゃないですか。甘いのが好き、辛いのが好き。ドライなのが好き、ウェットなのが好きとかって。俺は自分自身がドライかウェットかは別として、ドライなものが好きなんじゃないかなと思う。そこに対するあこがれのようなものがあるかもしれんな。
――たとえば映画だったりとかですかね。
**ヒロト**　なんでもそうだけど、映画なんか特にそれを感じるね。「泣ける映画」は大好きだけど、「泣かせる映画」は嫌い。監督が泣かせようとして作ってるっていうのを感じた瞬間に「オエーッ!」ってなる。
――あとはスポーツ選手とかが慈善活動みたいなことをやったりすることも嫌いって言ってましたよね。
**ヒロト**　ああ、どうでもいい。嫌いじゃないけど、どうでもいい。そういうのはいらない。「おまえ、野球選手だろ? だったらバッコンバッコン打ちまくれよ。ビュンビュン投げまくれよ」ってなる。もちろんそれをやってる上でやるからいい話になるんだろうけどね。ないねえ。

——「ないねえ」（笑）。

**ヒロト**　そういういわゆるいい話は、俺のまわりでは生まれないと思うよ（笑）。

## 『ジャズ喫茶ベイシー』はいい映画です。昔から菅原正二さんがずっと好きだった

——『甲本ヒロトのちょっといい話』がちょっともない（笑）。

**ヒロト**　前にも言ったかもしれないけど、「同情」っていう二文字が凄く嫌いでね。こないだ、なんかで見たよ。（イマヌエル・）カントが「同情という感情は非常に不純なものであって、美しいものではない」ってやっぱりちゃんと言ってる。「あっ、俺、カントだ！」って思ったけど（笑）。

——同じことを考えてるなと。

**ヒロト**　そこだけね（笑）。「あっ、おんなじだ！」って。「人をかわいそうだと思って、憐れんで何か行動をすること、それは本当に醜いことである」っていうふうにちゃんと言ってた。それは前後の文章を読めばちゃんとわかるけどね、不純なんだよ。しかし、カントって名前がヤバイよね。カントって女性器のことじゃなかったっけ。

——ヤバイ名前のくせに真理を言う人（笑）。最近観た、泣かせようとしてこなかった映画はなんですか？

**ヒロト**　映画はＷＯＷＯＷとかスカパー！とかで録画して観たりするんだけど、昔観たことがあるやつとかを「あっ、もう1回観てみよう」ってことになるね。

——最新のやつじゃなくて、前に観たやつを観返しちゃう。

**ヒロト**　そうそう。好きだった映画を吹き替え版でわざわざ観るとか、なんとかロードショーバージョンとかいろいろ出てるのを観るのが楽しくてね。で、こないだ観ておもしろかったのが『Ｂｉｔｅ ｔｈｅ ｂｕｌｌｅｔ』っていうやつ。邦題が『弾丸を噛め』っていうんだけど「痛みを堪えるときに弾丸をグッと噛んで堪えた」という逸話があって、「痛みに耐えて行け」っていうときに「弾丸を噛め」っていう言葉があって、それが映画のタイトルになったんだよね。でも『弾丸を噛め』ってさ、『弾丸おかめ』っていう凄いトンパチの女性のお話みたいじゃない？（笑）。

——『弾丸おかめ』！　タイトルにまつわるオモシロ小噺ですね（笑）。

**ヒロト**　めちゃくちゃなことを起こすドタバタ喜劇みたいじゃん（笑）。

——じゃあ、『かっこいいスキヤキ』っていうマンガの単行本は知ってます？

**ヒロト**　あっ、知らない。

――その中に収録されているお話なんですけど、普段、本を読まない小学生の男の子が家庭教師の先生から『ああ無情』を勧められて、そのタイトルを聞いただけで胸をときめかせるんですよ。勝手に内容が屈強な黒人の木こりがガンガン木を切る『アーム・ジョー』っていう作品だと勘違いしてたっていう（笑）。

**ヒロト**　アハハハハ！　それそれ、そういうこと（笑）。『弾丸おかめ』と『アーム・ジョー』の二本立てだね。あっ、思い出した。真面目な話でね、あれはよかったよ。『ジャズ喫茶ベイシー』。

――それだ。岩手のジャズ喫茶の。

**ヒロト**　そうそう。岩手の一関ね。

――観た人はみんな「よかったから早く観ろ」って言ってきます。

**ヒロト**　みんな「よかった」って言ってるでしょ？　あれはいいです。

――タモリさんが『ヨルタモリ』で扮していたのが、『ベイシー』のマスターなんですよね。

**ヒロト**　タモリさんの大学の先輩にあたる人でね、菅原正二さんっていう岩手のジャズマスターです。俺は昔からずっと好きで、菅原さんの影響でSHURE V15 TypeⅢっていうカートリッジを探して買って使ったりとかしててさ。あとで気づいたらドキュメント作品なんだけど、ナレーションもなければ、文字のキャプションもひとつもないんだよ。ただその場面を撮ってるだけなの。その昔、『ミクロコスモス』っていう映画を初めて映画館で観たとき、『ミクロコスモス』もいろんな自然の映像を撮ってるんだけど、それが何をやっているところなのかとか、「この虫はなんとかっていう虫です」とかって説明がなんにも入らないのね。ただずっと夜が明けて日が沈むまで、動物や虫がなんかやっているのをずっと撮ってるんだよ。動物を撮ったらこんなふうに感じた、それで人間を撮ったらこんなふうに感じた、それだけなんです。『ジャズ喫茶ベイシー』はいい映画ですよ。

## 違うからカッコいいんじゃん。図鑑に載っていないからカッコいいんだよ

――久しくナレーションや文字の入っていない映像を観ていないから余計に新鮮でしょうね。

**ヒロト**　自分がまるでそこにいるみたいで、それがとっても気持ちがいい。『ミクロコスモス』なんかさ、観ていたら自分がミクロの身体になってそこに存在するんですよ。雨粒ひとつ落ちてきたらドカーンって弾け飛ばされるような感じ。たまらん！（笑）。

——水族館とかでも、両手でメガネを作って鼻先を水槽にくっつけるくらいの距離で見ると、自分も水中にいるような気分になれますよね。

**ヒロト**　わかるわかる。じつはその見方っていうのは、ジオラマの原点なんですよ。もともとジオラマもあれを箱の中に入れてそうやって見てたの。それはね、見世物小屋とかの歴史を紐解いていくと、そうやってモノを見るっていうやり方は昔からある。万博の歴史とかも紐解いていくとおもしろいところにぶつかるよ。

——今回、お取材の依頼企画書を書くのに2週間くらい悩んだ挙句、「いつものように雑談でお願いいたします」と書いて出したら通って、しかもこうして本当に雑談ができてホッとしました（笑）。

**ヒロト**　『KAMINOGE』は誰のインタビューを読んでも雑談だもんね（笑）。

——非常に企画書が書きづらいんですよ（笑）。

**ヒロト**　雑談ってことで、いつも虫の話を何かしらしたいんだけど、今年はわりと真面目に家にいたから採りに行けてないんだよね。でも、もともと俺の虫好きのきっかけは家だったから。子どもの頃、夏休みとかもどこにも行かないでじーっと家にいるとさ、薄暗い部屋の畳の上をシバンムシが歩いてたりとか、台所の米びつからコクゾウムシが出てきたりとかして、それが俺の虫好きのきっかけなわけだから。今年の夏はあの頃と似たような時間を過ごして、自分の原点に帰れた気がするよ。家にいたらやっぱりシバンムシはいるし、コクゾウムシは出なかったけど、野菜なんかにも虫がついてるでしょ。あとは玄関とか廊下に「あれ？　どっから入ってきたんだろ」っていう虫がいたりとか。そういうのだけを集めて全部標本にして、標本箱を作ったりしたら、ちゃんとカッコいいのができた（笑）。（スマホで画像を探しながら）自慢していい？　俺の標本箱。これ、家にいた虫だけだよ。カッコよくないですか？

——素晴らしい！　これは家に紛れ込んだ来た虫シリーズですか？

**ヒロト**　そう。虫ってよく見ると本当にカッコいいよ。

——カッコいいし、高性能だし。

**ヒロト**　なんにしろ、虫の凄さは省略しないことなんです。たとえばミニカーって省略してるじゃん。ミニカーは人も乗れないし、エンジンもかからないし、ラジオも聴けないしさ、何か省略されてるんですよ。だけど虫はどんなにちっちゃくても、何ひとつ省略していないんですよ。全部できる。それが凄くて、ちっちゃければちっちゃいほどおもしろい。

——スマホなんかよりも全然小さいのに多機能っていう。

**ヒロト**　そうだよね。スーパーコンピュータが2ミリくらいになったりしてるわけでしょ。何ひとつ省略しないで。それは凄いことですよ。世界中の国家予算を全部集めたってカブトムシ1匹も作れないですよ。今年もレコーディングするスタジオの近くでカブトムシをいっぱい捕まえて逃したりだけしたけど。今年うれしかったのは、直線ノコ。

——アゴがまっすぐになっているノコギリクワガタですね。

**ヒロト**　ある人に聞いたら、直線ノコっていうのは栄養が少ないときになっちゃうみたいです。普通のはグーッと湾曲したカッコいいノコギリなんだけど、栄養が少ないとちょっと小振りでアゴが直線になるんだって。だから山が痩せてたのかな？　それで直線ノコを見つけて、ちょっとうれしかったね。あれがカッコいいんだよ。

——ボク、小学生のときはあの直線がちょっと嫌でしたね。「図鑑と違う」って思って……（笑）。

**ヒロト**　俺は子どもの頃から好きだったよ。いや、違うからカッコいいんじゃん。図鑑に載っていないからカッコいいんだよ。

## THE CRO-MAGNONS INFORMATION

### 2020年12月2日
### NEW アルバム『MUD SHAKES』発売！

■CD:BVCL-1103 ￥2,913＋税
○初回仕様のみ紙ジャケット仕様
■完全生産限定アナログ盤：BVJL-50 ￥2,913＋税
○60年代フリップバックE式盤を
可能な限り再現。180g重量盤採用

2020年12月11日（金）
ザ・クロマニヨンズ
『MUD SHAKES』全曲配信ライブ開催！
開場20:45/開演21:00
https://www.cro-magnons.net

甲本ヒロト（こうもと・ひろと）
1963年3月17日生まれ、岡山県岡山市出身。ロックミュージシャン。
1985年にギターの真島昌利らとザ・ブルーハーツを結成し、1987年に『リンダリンダ』でメジャーデビュー。1995年にザ・ブルーハーツ解散後、ザ・ハイロウズでの10年の活動を経て、2006年にザ・クロマニヨンズを結成。2020年12月2日に14枚目のアルバム『MUD SHAKES』を発表。

バッファロー吾郎Aの
# きむコロ列伝!!
Buffalo GoroA

## 第108回 好きな解説

私が好きな（好きだった）プロレス＆格闘技の解説者（現役選手も含む）で打線を組んでみた。

1（二）藤井惠
2（遊）宇野薫
3（左）髙山善廣
4（三）山本小鉄
5（捕）髙阪剛
6（一）小橋建太
7（中）望月成晃
8（指）マサ斎藤
9（右）石渡伸太郎

藤井さんと宇野さんの解説はやさしくて初心者にも非常にわかりすい。野球の打順に例えるなら確実に出塁してくれる1、2番バッターのような存在。逆に髙山さんはパワフルで怖い印象があるが、敵対する選手でもいい動きをすれば素直に褒める解説が好きだ。

5番の髙阪さんの解説は、技術面はもちろん、闘っている選手の心理状態も解説してくれて、それはまるで打者の心理を読みながらリードするキャッチャーのようだ。

小橋さんはいい意味で頑固で、我を通しながら選手に檄を飛ばす。望月さんはドラゲーという団体を俯瞰で見ながら普段はあまり陽の当たらない選手でも地道にがんばっていればスポットライトを当てる解説がたまらない。

8番のマサさんに関しては、個性的な解説で右に出る者はいないが、マスクマンの正体をバラしてしまうなどのミスがたまにあるので（笑）、8番指名打者で自由に暴れまわってもらいたい。そして9番の石渡さんの解説だが、本人は納得がいってないようなことをツイッターでつぶやいていたが、私は好きだった。

そして野球の花形と言っても過言ではない4番・サードは、私の中で山本小鉄さんしかいない。小鉄さんの解説はわかりやすいのはもちろん、それに加えて試合とはあ

**バッファロー吾郎A**

バッファロー吾郎A/本名・木村明浩（きむら・あきひろ）1970年11月24日生まれ/お笑いコンビ『バッファロー吾郎』のツッコミ担当/2008年『キング・オブ・コント』優勝

まり関係ない役に立つ情報（テンガロンハットは室内で脱がなくても無礼ではないなど）を教えてくれるのがありがたく、それがいいアクセントになって馴染みのない選手にも感情移入しやすくなる。

　私は小鉄さんの解説のことを考えているうちに眠ってしまい夢を見た。人の夢の話はつまらないモノだが、興味深い内容だったのでココに紹介したい。

「実況は私、古舘伊知郎。そして解説は新日本プロレスの審判部長である山本小鉄さんでお送りいたします。山本さん、よろしくお願いいたします」

「どうぞよろしくお願いいたします」

「いよいよ第1回IWGP優勝戦、アントニオ猪木vsハルク・ホーガンがここ蔵前国技館にて行われようとしております」

「古舘さん、この蔵前国技館はですね、あの名作映画『007は二度死ぬ』のロケ地にもなったんですね。あと、この映画で脚光を浴びたのが丹波哲郎さんですが、丹波さんは幼い頃に腐ったまんじゅうを食べて死にかけた経験があるんですよ」

「猪木があのギリシャ神話の英雄ヘラクレスの息子アントニオであるとするならば、その父ヘラクレスはオリンピックの創始者であります。そしていま、時の流れを経てこの息子である猪木は闘いの世界統一に乗り出したわけであります。その3年越しの空前のイベントIWGP、その優勝戦、猪木は果たして1億円のベルトを腰に巻くか」

「古舘さん、1億円って1円硬貨だと重さは100トンにもなるんですね。さすがに100トンは鍛えても持てませんよ」

「おーっと、アックスボンバー、アックスボンバーが出た出た。現代のネプチューン、三つ叉の槍」

「古舘さん、ネプチューンといえば宇宙の海王星ですけどね、宇宙には匂いがあるらしいですよ」

「ここで猪木コールだ！　渇ききった時代に送る、まるで雨乞いの儀式のように、猪木に対する悲しげなファンの声援が飛んでいる！」

「古舘さん、雨乞いといえばなんと徳島県の阿波踊りは雨乞いがルーツなんですね。それで掛け声の『エライヤッチャ』ってあるでしょ？　あれはですね、『偉いヤツだ』という意味ではなく『大変なことだが大丈夫』というポジティブな意味なんですね。いまの猪木選手はまさしくエライヤッチャですよ」

「しかしその猪木はまったく立ち上がれない。過激なセンチメンタリズム。あの村松さんが書いた『評伝アントニオ猪木』にありました、猪木はジョニー・パワーズからあのNWFのベルトをとったときに『こんな試合をしていたら10年もつ身体が3年で終わってしまうかもしれない。しかし、自分は闘い抜く』と言いました。まさしくその過激なセンチメンタリズム、その言葉がわたくしの脳裏にいま去来します」

「古舘さん、センチメンタリズムといえば松本伊代さんのヒット曲『センチメンタル・ジャーニー』を思い出しますけど、なんと松本伊代さんは体重が軽すぎて自動ドアが開かなかったことがあるんですね。あと笑う演技をしなきゃいけないときに緊張で笑えなかったので、スタイリストさんがテーブルの下から伊代さんの足の裏をくすぐったそうですよ」

　ここで私は目が覚めた。

RISE
ChampAuto
チャンプオート
PONOS
Bee CARGO WORKS
INSIGHT
reversal
reversal.dog.designworks
Extreme Fight Game
RISE

MASA
AUTO
Cygames

Cygames
RISE
ChampAuto
PONO
AUBE HAIR
Bee
INSIGHT
RISE
Cygames
RISE

Cygames
RISE
RISE

KAMINOGE THE PRODIGY

もはや肩書きはなんだっていい。
ずっと何かをやらかし続ける男の進む世界とは?

収録日:2020年11月9日　撮影:タイコウクニヨシ　試合写真:©RISE　聞き手:滋澤壯典

【神童】

# 那須川天心

「人生は1回きりだから、
だったらなんでも挑戦したほうが
いいじゃないですか。たとえば、
いまボクがボクシングに
行っても誰も文句は言わないと思う。
そういう立場になったからこそ、
そういう機会もあるんだと
思っていますから」

## 「格闘技を極めるという軸を持ち続けたまま、いろんなことをやっていきたいんです」

――今号の表紙は、天心選手も大好きな甲本ヒロトさんなんですよ。

**天心**　おー、本当ですか！　ボク、めっちゃ好きですね。カッコいいですよね。あの人って異次元ですよね。

――異次元とは？（笑）。

**天心**　思考がまったく違うというか、だからずっとひとりで孤独なんじゃないですかね。おそらく、あの人と言葉が通じる人はなかなかいないと思いますよ。そういう意味で異次元です。

――孤独。でもヒロトさんには、マーシーさんという相棒がずっとそばにいますけど。

**天心**　ああ、たしかにそうですよね。異次元な人がふたりいるって感じでしょうね（笑）。

――ボクたちからすると天心選手も異次元なんですけど、何歳になりましたか？

**天心**　22歳ですね。まあでも「まだ22歳」って感じです。「もう22歳」っていう感じではないです。まだまだだなーって。

――キックボクシングでデビューしたのは15歳でしたっけ。

**天心**　そうですね。高校1年生で16歳になる年でしたけど、まだ15歳でしたね。

――この22年間、いろんなことをやってきたと思うんですけど。

**天心**　やったと思いますね。キック界の中ではだいぶやってきたなと思いますけど。

――歳を重ねるごとに、いろんな人と出会ったりすることで目線とかもだいぶ変わってきているかと思うんですけど、自分がイメージしていたハタチ過ぎの自分とはだいぶ違いますか？

**天心**　そうですね。というか、まったくわからなかったです。自分がどんなハタチになるのかなっていうのはまったく想像がつかなかったですし、ただ、時が早すぎますよね。「ここまで、うまく進んでいるな」っていう実感はありますけど、でも「当たり前だったんだろうな」っていう感じがしなくもないですね。「こういうふうになるはずだったんだろうな」というか。だからといって、自分としてはまったく満足はしていないので、まだまだなんじゃないですかね。

――その「うまく進んでいるな」っていうのは、ここまで試合で全勝できていたりすると、さらに加速していきますよね？

**天心**　全勝だから満足っていうわけでもないんですけど、「もうここまできたら負けられないよね」っていうのはあるでしょうし、とにかく人生が楽しいですね。試合がどうとかではなく、人生として考えたらけっこう満足はしてるかな。でも、じゃあ、もう死ねるかって言ったら死ねないですし。これから挫折とかっていうのはあるかもしれないですし、もしかしたらこれまでにも挫折ってあったのかもしれないですけど、ボク自身はべつに挫折したとは思っていないので。

——いまは「格闘家・那須川天心」というよりも、別の違う意識になっていたりしますか？

**天心**　あー。まあ、それはありますね。最初は「俺は格闘家だ」っていうのがずっとあったんですけど、いまはそんなに格闘家としては見られたくないです。「見られなくてもいいかな」って思っていますね。「格闘技をやっている人ですよね？」っていう入りはべつにいいですけど、「ＹｏｕＴｕｂｅｒですよね？」とか「タレントさんですよね？」とか、もうなんでもいいです。だから「那須川天心」として生きていきたいですね。

——たとえば、朝倉未来選手がＹｏｕＴｕｂｅｒとして大成功をおさめていたりとか、ここ数年はそれまでになかった違うアプローチをする格闘家が増えてきたと思うんですけど、格闘技界がそういう世界観になったことについてはどう思っていますか？

**天心**　いろんな形があっていいと思っていて、ただ、やっぱりボクは格闘技がいちばん好きなので、その格闘技という軸がないとほかのことはできないかなって。やっぱり全部フラフラしていたらダメだと思うので、ボクは「格闘技を極める」という軸を持ち続けたまま、いろんなことをやっていきたいですね。格闘技を極めるためにはいろんなことをやらなきゃいけないし、その格闘技をもっと広めたいし。

## 「空気を読んだりすることができる人も凄いんですけど、いちばん強いのは空気を作る人」

——さっき、甲本ヒロトさんのことを「異次元だ」って言ってたじゃないですか。たとえば、誰かを見て「この人は凄い」と思うときって、どういう見方をしているんですか？

**天心**　「絶対になんかあるよな」っていうか。たぶん、まったく人とは同じ構造じゃないと思うんですよね。考え方とかが違うと思いますよ。

——たとえば、試合で当たる対戦相手とかをスカウターみたいな感じで測れたりするものなんですか？　「コイツ、ただ者じゃねえな」とか。

**天心**　対戦相手とかに対してはあまり思わないですけどね。テレビの収録とかで共演したりして、「なんかすげー」みたい

な人はいますね。「ちょっと違う構造でできているんだろうな」みたいなことを感じたりしますけど。

――同じ格闘家にはいないと。

**天心**　対戦相手から感じたっていうことはないですね。常にボクのほうが絶対に上だと思って闘ってきましたから。

――フロイド・メイウェザーという凄い人とも対峙してきましたけど、「コイツはヤバイな」って感じたことはない？

**天心**　なんかでも、雰囲気とかだけならいますけど、やっぱりそんなにヤバイっていうのはないかな。最近テレビに出させてもらったりしますけど、それこそダウンタウンさんの番組収録のときとかは雰囲気が変わりますね。ダウンタウンさんが姿を現すだけでその場の空気自体が変わるっていうか。空気が変わるというか、空気を作るんですよ。空気を読んだりすることができる人も凄いんですけど、いちばん強いのは空気を作る人だと思うんですよね。それは最近、凄く感じますね。

――でも、最近の天心選手もリング上で独自の空気を作るというか、那須川天心が作りあげた世界観みたいなのを出すじゃないですか。

**天心**　まあ、そうですね。そこに関しては作れる自信はありますね。作れるっていうか、「俺が締めるしかないよね」って毎回思っています。前々からずっと「最後は俺で締める」という気持ちではいますよ。

――それは始めた頃から思っていたんですか？

**天心**　いや、そこはメインをたくさん張るようになってからでしょうね。だけど昔から「いやいや、俺よりおもしろい人はなかなかいないでしょ」っていう自信はありました。でも、それは選手の誰もが思っていなきゃいけないことだと思うんですよ。たとえば、ボクがメインで試合をするからって「天心がやってくれるから」っていう気持ちじゃダメだと思うんです。みんなが常に「俺がやってやる」という意識を持たないとダメなんじゃないかなとは思いますね。

――格闘技界やほかの格闘家に対して、物足りなさとか退屈さを感じたりもするんですか？

**天心**　退屈といいますか、同じ格闘技をやってはいますけど、なんかまとめられたくはない。「同じ格闘技をやっているけど、あなたたちとは違うんだぞ」というライバル意識というか、そういう熱はありますね。

――「あなたたち」っていうのは、キック以外の総合格闘技だったりも含めたすべてですか？

**天心**　すべてというか、自分がこれまで関わった業界ですかね。そこで一緒に試合に出ている選手なんかに対しては秘めるものがありますね。それは常に、昔からそういう気持ちはありました。

――自分が会場の空気を変えるという以外に、誰かが空気を変えた瞬間を体験したことってありますか？

**天心**　うーん。過去に音楽のライブとかではありましたね。

――そういうときって嫉妬心がわいたりとかするんですか？

**天心**　もちろんです。いまでこそボクもさいたまスーパーアリーナで試合を経験してるからあまりそういう気持ちにはならないですけど、昔は相当ありましたね。高校1、2年の頃にスーパーアリーナにJ Soul Brothersのライブを観に行ったことがあって。会場が超満杯で画面に映っただけでキャーキャー、こうやって手を挙げただけでワーッみたいな。「俺も絶対にこうなる」って思いながら観ていたので楽しめなかったですね。ちょっと「クソー……」みたいな感じで旗を振っていました（笑）。

――それが時を経て、自分も大会場でメインを張ったり、地上波のゴールデンで中継されたりするようになるわけですけど。そうなったらなったで、また満足できなくなっちゃう感じですか？

**天心**　まあ、ずっと満足はしていないですよ。だから、また次のステップに進めるのかなとは思います。

## 「ボクがボクシングに行っても誰も文句は言わないと思います。そういう立場になったからこそ、そういう機会もある」

――それは新しい刺激がほしいんですか？　さらに何かがほしいんですかね？

**天心**　自分でもわからないんですよ。たとえばベルトを獲っても満足してないし。試合に勝ってもホッとしたっていう気持ちのほうが勝るし。今後もいろんなベルトを獲るかもしれないですけど、「ベルトがほしい、だから格闘技をやっている」っていうわけじゃないんで。どんな偉業を達成しようが、そんなに喜ばないと思いますね。もしかしたら喜ぶ場面もあるかもしれないですけど。

――自身の満足度は別として、いろんな人を満足させてきているじゃないですか。そこは自分の中で「満足させている」っていう感覚はあるんですか？

**天心**　まわりには、そこまでは思わないですよ。それはべつに「いい試合だった」と思う人もいれば、「つまらなかった」と思う人もいるわけですから。それは個々でいろんな感想を思ってくれればいいかなって。だから観ている人の欲求に合わせたり、もっとこうしなきゃっていうのは特にないですし。

――「イベントを成立させる」という意識はあるもんなんですか？

**天心**　ありますね。自分の試合で盛り上げてやるんだという気持ちはいつも持っています。

――天心選手本人も勝つのが当然になっていて、ファンも勝って当たり前っていう感覚になっている状況で、そこでさらにみんなが笑っている画とかが、その日の終わりとして見えていたりするんですか？

**天心**　とにかく「負ける」っていうことは考えないですから。試合をしてしっかりと締めるというか、ボクが納得できる試合ができれば自ずと締まるんじゃないかなっていう感覚はずっとありますけどね。

――真剣勝負で闘うなかで、そういうことも思い描いてやっているわけですよね？

**天心**　考えはしますね。たしかに「勝つのが当たり前」っていう期待を感じていますから。

――そうして、いろんな選手たちの夢を潰していってるっていう。

**天心**　夢を潰してるというか、打ち負かしているっていう。

――それは運ですよね。那須川天心と同じ時代に生まれて、しかも同じ階級だったっていうのは。

**天心**　それが格闘技なので仕方がないですし、だからといってボクは止まれるわけじゃないんで。ボクも成長しなきゃいけないので、どんどん上に向かっていますから。

――最近は、ボクシング転向という話題も取り沙汰されていますよね。

**天心**　言われたり、自分でも言ったりはしていますけど、それはそのときが来たら話すかなって。なんて言えばいいんだろうな、それも挑戦というか、上にいてそこにずっと座っているのってカッコ悪いじゃないですか？　いま、たとえばボクがボクシングに行っても、誰も文句は言わないと思いますよ。そういう立場になったからこそ、そういう機会もあるのかなって思いますね。ボクは中途半端が嫌なので。

――常識的に考えたら、キックボクシングを終わりにして次はボクシングに行くって、なかなかないパターンじゃないですか。

**天心**　なかなかないですけど、ボクは止まっていることが嫌なので。たとえば「そこに強い選手がいる」ってなれば「闘いたい」っていうのは当たり前ですし。「ずっとトップでいたい」っていう思いはありますけど、同じところにいるっていうのでは満足できないです。なんかずっと自分との闘いですよね。自分が強くなりたい。ずっとトップにいて、来た者を次々と倒して倒してっていうのを考える自分が嫌なんですよ。だったら、まずは挑戦したほうが。本当に人生って1回じゃ

ないですか。「だったら、なんでもやったほうがいいよね」っていう。

――これまでには総合格闘技にも挑戦したじゃないですか。

**天心**　ちょっとやりましたね。

――あれを観てしまうと、「やっぱり総合でも」っていう幻想がわくというか。

**天心**　それもなくはないと思うんですけど、ちょっと難しいですね。

――だから、あれはデモンストレーションだったというか。RIZINというリングに上がって「はじめまして、那須川天心です！」っていう。

**天心**　そうです。あれは自己紹介ですよ。

――でも、それで実際にやってのけちゃうというのも奇跡的なわけですけど。

**天心**　そうですね。だから、それをやったからこそのボクですよ。そうでなかったらテレビでもしばらく注目されなかっただろうし。だから、その挑戦をオッケーしてくれたチームには感謝ですね。かといって、ごまかしのきかない世界なので、やるんだったらちゃんと極めるまで。そうでなければ、また次のステップを考えて。

## 「仲良しこよしみたいな感じが嫌いというか。『いやいや、ふざけんじゃねえ』って常に思っていますよ」

――もし、今後ボクシングをやるとしたら、ごまかしのきかないレベルのところまでやってやろうっていうことですね。

**天心**　チャレンジですね。ずっとチャレンジ。そっちのほうが楽しいですから。そして革命を起こしていきたいです。キックボクシング界では革命を起こしたわけですから、ここからは「混ぜるな危険」っていうような動きをしていきたいですね。そこで起きる化学反応の核となっている自分を想像するとたまらないですよ。どんな世界でも言えることだと思うんですけど、それまで何も変わらなかったものが、ひとり異質なヤツが入ってくることによって、よくも悪くも変わるわけですよね。それをよくするのも悪くするのも自分ですし、自分次第でどうにでもなる。それがいいんですよ。

――それまでの景色だったり、既成概念をぶっ壊してやりたいという欲求が強いんでしょうね。

**天心**　それはありますよ。仲良しこよしみたいな感じが嫌いというか。「いやいや、ふざけんじゃねえ」ってボクは常に思っていますよ。そういうのは違うなって。

――だから、何かおもしろいものを見つけに行くというより

は、自分がおもしろくできることを常に探している感じですかね。

**天心**　それは常に探していますよ。アンテナをめちゃめちゃ張っていますから。極論は「おもしろいか、おもしろくないか」なんで。それで日々生きてますよ。

――テレビに出たり、YouTubeをやったりっていうのは、そのおもしろいこと探しの一直線上のあるものというか。

**天心**　そうですし、単純におもしろいじゃないですか。芸能界って変わった人ばかりというか、しかもその変わった個性が受け入れられる人じゃないとテレビには出られないわけですよね。普通の感覚の人はいられないわけですよ。だからボク的には、意見が100パーセント同じ人って誰ひとりいないと思っているんで。たとえ同じでも何パーセントかはニュアンスとか捉え方とかが違うと思うんですよ。だから、そういういろんなものが混じり合う世界というか、空間が好きですね。

――まともじゃなくても、おもしろければ勝ちっていう。そういう人に魅力を感じているわけですね。

**天心**　感じますね。だから変わった人が好きになってきましたね。だって、たとえば会話をしていて想像がつくのが嫌じゃないですか。

――と言いますと？

**天心**　会話をしていて、「次はこういう話をしてくるんだろうな」とか「こういうことを言ったらこう返してくるんだろうな」みたいな。そうじゃなくて、そのままの話をしたくないですか？　剥き出しのやりとりっていうか、こっちがバーッと話したら、いきなりワーッて返ってきたりとか。うまく言えないですけど（笑）。「あっ、それがあったか！」みたいな会話がしたいっていうか。なんかわかります？

――じつはなんとなくわかりました（笑）。

**天心**　「おっ、コイツやるなー！」っていうので好きになっちゃいますね。だいたい一緒って嫌じゃないですか？「ああ、この人もこういう感じか」って自分の中で想定内になっちゃうのは。ほしいのは想定外なんですね。

――なるほど。人生でも、生活でも、どんどん新しいリアクションを待っているというか。

**天心**　待ってます。

――やっぱり芸能界は、上のほうに行けば行くほどそういう人が多そうな感じですか？

**天心**　多いですね。何を考えてるのかわかんないですもん。何を考えてるのかわかんない人って怖くないですか？　怖いし、「よくも悪くも」ってなるじゃないですか。

――逆に安心もあるんじゃないですか？「おかしいのは自分だけじゃないんだ」ってことが知れるというのは。

**天心**　そうなりますし、「なんかコイツならやるんじゃないか？」っていう期待感が生まれますね。だってメイウェザー戦が終わったあとなんかは凄くいろいろなことを言われたんですけど、試合前って格闘技界の中でもほとんど誰も何も語っていなかったんですよ。っていうことは「コイツ、もしかしたら本当になんかやるんじゃね？」っていうのが絶対にあったと思うんですよ。だけど、試合が終わってから「ほらね」「ああ、やっぱそうだったよね」みたいなことをみんな言い出すんですよ。だからやっぱり、ちょっと怖かったんですよ。そういう「何かやらかす感」を持っている人がいいですし、自分もずっと持っていたいですね。それを思わせてくれる人ってボクは好きです。

――ひさしぶりにがっつりとお話をさせてもらいましたけど、どんどんおもしろい人になっていってるというか、どんどんいい感じになっていますね。

**天心**　あっ、本当ですか？

――はい。人間として凄く魅力的というか。前はやっぱり「格闘家・那須川天心」でしたけど、いまは肩書きがなくてもおもしろい人になりましたね。

**天心**　ああ、それは自分でも思います。ここ1年くらいは本当にノビノビやれていますから。だんだんと自分の素の部分もさらけ出せるようになってきたかなって思いますね。

那須川天心（なすかわ・てんしん）
1998年8月18日生まれ、千葉県出身。キックボクサー。TARGET/Cygames所属。
父親の勧めで5歳から極真空手を始め、その後キックボクシングに転向して16歳でプロデビュー。プロ6戦目、史上最年少16歳でRISEバンタム級のベルトを奪取。17歳でISKA世界王座を獲得。その天才的なセンスとテクニックと並外れたKO率から「キックボクシング史上最高の天才」「神童」と呼ばれる。2016年12月29日にはRIZINでMMAデビューも果たし、2018年の大晦日にはプロボクシングの元世界5階級制覇王者のフロイド・メイウェザー・ジュニアと、ボクシングルール3分3ラウンドの非公式戦で対戦するなど、キックの枠にとどまらない活躍を見せ、近い将来のボクシング転向も視野に入れていると言われている。RISE世界フェザー級王者。ISKAオリエンタルルール世界バンタム級王者。ISKAフリースタイルルール世界フェザー級王者。元RISEバンタム級王者。

PROJECT

# KAMINOGE THE WORLD OF MU'S SUN

新型コロナウイルス蔓延や地球温暖化の真実、
そして人生最大の危機的状況を語る!!

収録日：2020年11月9日　撮影：タイコウクニヨシ　聞き手：井上崇宏

# ザ・グレート・サスケ

【東北の英雄】

「アッハッハッハ！
逆境のときはまずは
意味もなく笑うことが大事なんです。
それから今後やるべきことや
新たな考えが浮かんできたりしますから。
アッハッハッハ！
ただ、私はいま大変な危機的状況に
立たされています……」

ISSY

## 「もともとここ10年くらいのライフスタイルがステイホームなんで、まったくびくともしないです」

——サスケさん、ご無沙汰しています！

**サスケ**　こちらこそご無沙汰しておりました。いやいや、今日はいきなりどうしたんですか？

——業界では「世が乱れ、混乱したときこそザ・グレート・サスケの出番」と言われていますから、ひさしぶりにお会いしたくなりまして（笑）。

**サスケ**　いきなり来ますねえ。いやいや、もう『KAMINOGE』さんには長州さんがいるじゃないですか（笑）。長州さんがいれば私などが出る幕はないですよ。

——めちゃくちゃ出る幕ありますよ。サスケさんとは、おとといの春のレッスルマニアウィークでお会いしましたよね。

**サスケ**　あー、そうだそうだ。ニューオーリンズでね。あのときいらっしゃっていただいて、ありがとうございました。

——ニューオーリンズで夜中の3時に、サスケさんがボン・ジョヴィの『It's My Life』を熱唱する姿を目の当たりにしたときの衝撃が、いまだに忘れられないですよ（笑）。

**サスケ**　アッハッハッハ！　やりましたねえ！（GCW『Joey Janela Spring BreakⅡ』のメインでジョーイ・ジャネラと対戦した）。最初、あのオファーをいただいたときに「試合開始時刻は23時55分だ」って言うんですよ。「えっ、なんだそれ？　何かの間違いだろ？」と。まず、なんで55分で刻んでるんだって話で（笑）。「いやー、それは間違いなんじゃないか？」って何度聞いても、23時55分でおよそ0時スタートだと。それで現地に行ってみたら本当だったわけですよ（笑）。あれはビックリしましたねえ。それで試合が終わったあと、「なんで俺は夜中の3時にアメリカで、リングの上で歌を歌ってるんだろう」と（笑）。

——現地のファンも全員立ち上がっての大合唱で（笑）。あの年のレッスルマニアウィークに開催されたあらゆる大会の中で、あの大会がいちばんおもしろかったですよ。

**サスケ**　えっ、本当ですか？　あのウィークの中で？　そんなことはないでしょ！（笑）。

——いや、本当ですよ！

**カメラマンのタイコウ**　ボクも一緒に観ていたんですけど、まったくの同感です！　最高でしたよ！（笑）。

**サスケ**　はあー。「これはまさに奇祭だ」なんて言われたんだけど、うまいこと言うなと思ってね（笑）。あれは私もびっくり仰天でしたね。

——サスケさんが入場してきたとき、アメリカのファンがみんな拝んでましたからね。「いったい何を見させられてるんだ」って（笑）。

**サスケ**　意味がわかんないですよね（笑）。

――でも同じ日本人として、観ていて誇らしかったですよ（笑）。

**サスケ**　しかもね、あんな夜中にそこそこお客さんも入ってるんだよね！（笑）。

――超満員です（笑）。２０００人くらいいたんじゃないですかね？

**サスケ**　もうすべてがビックリで、おもしろかったですねえ（笑）。あの前後あたりからアメリカからのオファーがどんどん来るようになっちゃって。

――だからコロナが世界的流行となってしまって、残念なことのひとつは海外でサスケさんの勇姿が観られないってことですよね。当然サスケさんも行けないし、ボクらも観に行けないしっていう。このコロナというのは、サスケさんの中で生活も含めて影響はありましたか？

**サスケ**　やっぱありますね。ただ、もともと私自身のここ10年くらいのライフスタイルがステイホームなんで。「私はもとからステイホームだよ」と（笑）。

――ステイホーム歴10年ですか？（笑）。

**サスケ**　そうなんですよ。だからまわりから「いやー、ヒマだ。家で何してる？」なんて聞かれるんですけど、「いやいや、俺はここ10年ヒマだから」って。なので、そこらへんはまったくびくともしないんですけど（笑）。

「コロナウイルスに関しては、これを企てて実行しているのが従来の影で世界を支配している勢力とはまた違うわけですよ」

――キャリアの差が出ましたね（笑）。ちなみにご自宅では何をされているんですか？

**サスケ**　あのね、まあトレーニングは別として、とにかく映画館に通ってますね。連日の映画館通い。

――サスケさん、外に出てますね。

**サスケ**　アッハッハッハ！

――毎日映画館に行ってるって、誰よりも外に出てますよ！（笑）。

**サスケ**　あっ、そう言われてみればそうだ！　たしかにステイホーム期間中はステイ映画館でしたね（笑）。

――えっ、今年に入ってからもですか？

**サスケ**　はい、今年も。さすがに緊急事態宣言の時期は映画館も閉まっていたりしたんですけど、それも一瞬でしたから。映画館の営業が再開したらすぐに観に行ってましたね。そっか、そういえばそうだ。全然ステイホームしてねえわ（笑）。

――まあ、やっぱり映画は劇場で観るものですからね（笑）。

**サスケ**　私は絶対に劇場派ですね。

――今日はその新型コロナウイルス感染症について、どうしてもサスケさんの見解が聞きたくなったんですよ。サスケさんの見解というのは、すなわち真相が知りたいんです。

**サスケ**　なるほど、そう来ましたか……。まあ、いろんな見方がありますよね。私は一般的な見方と同様の見方をしてまして、やはり中国の細菌兵器（生物兵器）であるという（きっぱり）。

――一般的な見方かどうかはさておき、武漢の研究所が作っていた細菌兵器だという噂はたしかにありましたね。

**サスケ**　噂というか、それはもう間違いないところですね。

――要するに人工的なものであると。

**サスケ**　もちろん。だから、これはもうしょうがないですよね。

――しょうがない!?（笑）。

**サスケ**　しかも、おもしろいことにこの新型コロナウイルスは、アジア系人種よりも白人の人種に対して攻撃力が強いみたいなんですよね。

――たしかに欧米諸国よりもアジア諸国のほうがかなり感染者数が少ないですからね。

**サスケ**　そうしますとね、これはまさに中国が開発した細菌兵器であり、最新兵器であると。これは何を意味するかと言うと、もちろんいまの米中の冷戦構造ですよ。

――一説ではアジアと欧米ではウイルスが異なるとも言われていますけど。

**サスケ**　それはもっとわかりやすく言うと、自分たちにはわりと弱い効き目にしているということですよ。

――まさか……。今回は、その細菌が何らかの事故で漏れてしまったということですか？　それともわざと撒いたのか。

**サスケ**　撒いたんですよ。わざと漏らしたんです。まあでも、もう一歩引いて見ますと、東京オリンピックへの嫌がらせも含めてますよね。

――そんな幼稚な理由!?（笑）。

**サスケ**　いえいえ、そこまでも含めてますね。

――たしかに東京オリンピックは延期になりました。

**サスケ**　そうでしょう？　なにしろ今回の新型コロナウイルスに関しては、これを企てて実行している勢力というのが、従来の影で世界を支配している勢力とはまた違うわけですよ。まあ、中国系ですからね。そういう意味では、アメリカと中国の対立というものをそろそろ深刻に考えてみないといけないのかなと。

**「バイデンこそが影支配している支配者層の代表格なんです。トランプは民間からの政治家だったのでまだ最悪の事態を引き延ばせた」**

――サスケさん、さすが言い切りますね。

**サスケ**　まあ、ただ事実を述べているだけですけどね。ここでね、ぜひご覧になってほしい素晴らしい映画があります。『PCM：ザ・バンカー』っていう。

――ああ、韓国映画ですね。

**サスケ**　そうです。これは朝鮮半島のいわゆる38度線の地下深くに韓国側の隠れ要塞があるわけですよ。そこで北の将軍様を拉致しようという、そういうあらすじなんですけど。

――今年の映画ですよね？

**サスケ**　今年ですね。それで当然そこにはアメリカも絡んでくるわけで、この映画は最後の最後で衝撃のラストを迎えるんですよ。要するにね、米中真っ向対決の戦争が起こりうるなっていう可能性を示唆して終わるんです。これはぜひ、いまの時代だからこそ観ていただきたい作品ですね。

――はい、観てみます。

**サスケ**　まさにこれは「アイツら、やるぞ」っていう感じですね。いま我々は米中の「アイツら、やるぞ」っていう目前に立たされているんです。だからこの新型コロナウイルスは、本当にその前段階にあるんだというふうに覚悟しておかなきゃダメですね。

――もう前説は始まっていると……。

**サスケ**　始まっている！　そういうことですよ。

――なるほど……。今回、アメリカの新大統領にバイデンが就任しましたけど、それによって米中の関係が好転したりはしないんですか？

**サスケ** ますます状況は悪化します！（きっぱり）。というのは、バイデンこそがまさに影支配している支配者層の代表格であるからです。トランプはまるっきりの民間からの政治家だったので、彼のほうがまだ最悪の事態を引き延ばせたんですよ。ところがバイデンになっちゃったんで「ああ、やっぱりアメリカはまた通常の政治の世界に戻ったんだな」と。

――餅は餅屋に戻ったと。

**サスケ** つまり、「もう戦争が遅かれ早かれ始まりますよ」ということですよ。ただひとつ言えば、バイデンは民主党ですから。民主党が強いのは軍事よりも経済なんですよね。だから直接的な軍事行動よりは経済を使った、言ってみれば先に経済戦争みたいなものが始まりますよね。まあでも、トランプは残念ですよ。私はトランプさんをめちゃくちゃ応援していたから。

――なぜですか？

**サスケ** 私がトランプを応援するふたつの大きな理由がありまして。まずひとつはアメリカのTPP（環太平洋パートナーシップ協定）離脱。あれは日本にとってはもの凄くいいことだったのだけれども、今回バイデンが大統領になったことでまたTPPに復帰するでしょう。そうすると日本も当然巻き込まれ、そのことによって日本の農業は壊滅します。TPPの本丸は日本の農業を潰すことですからね。

――と言いますと？

**サスケ** アメリカの軍需産業でモンサントという会社があるんですよ。種を作ってる会社でね。

――遺伝子組み換え食品とか。

**サスケ** そうです。モンサントは遺伝子組み換えとかも作っているんですけど、まもなく日本の国会で種苗法が改正されるんですよ。いま日本学術会議とかで話題をそらしてるんで、その間にまちがいなくその改正案はしれーっと通るんですよ。そうするとどうなるかと言うと、日本中のあらゆる畑にモンサントの人たちが、モンサントブランドの種をパーッと蒔くんですよ。それでしばらくしてモンサントがもう1回やってきて、農場主に向かって「あんたたち、ウチの種を勝手に蒔きましたね」と難癖をつけるわけですよ。「ウチの種は特許でがんじがらめなんですから。あんた、これ、特許侵害だよ」って、もうめちゃくちゃな訴えを起こすんですね。今後、そういう裁判が日本で頻発します。

――うーん……。

**サスケ** もう日本全国で。JAなんかもみんなお手上げですよ。日本の農業が全部、アメリカの傘下、つまりモンサントグループに入るわけですよ。まさにTPPの本丸はそこなんですよ。日本の農業支配。

**「真実なのでおおいに載せていただきたい。そもそも$CO_2$排出による地球温暖化っていうのはウソなんです！」**

——そうなると、日本の食卓が遺伝子組み換え食品に支配され、安全な野菜や果物が食べられなくなっちゃうってことですか？

**サスケ**　おっしゃる通りです。あと、これは私の個人的な見解として聞いてもらいたいんだけど。あのね、不妊がますます増えますね。

——不妊が。

**サスケ**　やっぱり不妊には食べ物の影響があるんですよ。なので、このままだとますます不妊が増えます。これは個人的な見解としてね。

——まあ、食は男性にとっても影響がありますからね。

**サスケ**　まさに人間の身体は食べ物でできていますからね。当たり前のことですけど。それらがＴＰＰの本丸だったわけですよ。だから、せめてあと4年はトランプに大統領でいてほしかった。そうすれば、あと4年は日本の農業が生き延びられた。

——なるほど……。

**サスケ**　そしてもうひとつが、トランプさんはパリ協定（気候変動抑制に関する国際的協定）からも離脱しているんですよ。その象徴的な出来事として、環境活動家の女のコのグレタちゃんとトランプの対立なんて本当に漫画のようなおもしろさがあったんだけど、あれにはおもしろさを超えたリアルな真実があるんです。そもそもね、これは個人的な見解じゃなくて、真実なのでおおいに載せていただきたいんですけど、そもそも$CO_2$排出による地球温暖化っていうのはウソですから！

——げっ！

**サスケ**　地球温暖化の本当の理由はそこじゃないんですよ。これはホッケースティック曲線っていう、古気候学者のマイケル・マン博士が作った地球の気候変動を示すグラフがあるんですけど、平坦に進んでいた地球の気候変動が、文字通りホッケーのスティックのように最近急に温暖化になったよねっていう。ただ、その曲線というのは、地球の歴史を千年単位でしか見ていないんですよ。その視点で見たらたしかに温暖化は事実です。だけど、原因は$CO_2$排出ではまったくない。それはなぜかというと、地球の歴史なんていうのは千年レベルじゃないんですよ。

——それはそうですね。

**サスケ**　じゃあ、万年単位で気候変動を見てみると、ミルティン・ミランコビッチというセルビアの地球物理学者が、ミランコビッチ・サイクルという周期的に気候に変動することを研究したんですね。そのミランコビッチ・サイクルによると、かつても気温上昇はしているんですよ。そして氷河期となって、また気温上昇して、またさらに氷河期になってっていう、地球はこれを万年単位で繰り返しているだけなんです。そして、いま21世紀を生きている我々は、たまたま温暖化の局面にいるってだけの話なんですよ。こんなのね、どうしても何千年あとの話になってしまいますけども、何千年後には間違いなく地球は氷河期に入りますから。ただ、そのサイクルを繰り返してるだけなの！　だって地球自体が生き物なんだから。ＣＯ２なんてまったく関係がないんですから。

――たかだか千年のデータで何がわかるんだと。

**サスケ**　そう。たかだか千年です。そんなスケールで地球を見るなよと。ただ、いわゆる世界を影で操っている欧米の支配者層たちにとっては、ＣＯ２排出による地球温暖化っていうのはいい口実になるよねっていうね。つまり「これは商売になるよね」ということで、いわゆるグリーンボンド、環境債というものを発行してビジネスにしているというだけの話なんです。だから自動車業界とかにとっても、新しいビジネスチャンスにはなっていますよね。ＥＶ（電気自動車）とかハイブリッドカーを経由して、最終的には水素自動車に持っていこうとしているんだと思うんだけど。

――環境問題に積極的に向き合っているかどうかの姿勢が、企業の株価にも影響するでしょうからね。

**サスケ**　ただ、おもしろいのは日本の自動車メーカーは最後まで抵抗していますよね。欧米から見たら出遅れている風に見えちゃうんだけど。でも従来の石油を支配していた層、じつは彼らが世界の支配者層ですから、その彼らの思惑っていうのがちょっと計り知れない部分がありますよね。支配者層の中でもＣＯ２排出派、クリーンエネルギー派といろいろあると思いますから。まあ、ちょっと話がそれましたけど、私がトランプさんを推す、大きなふたつの理由っていうのはそこなんです。先ほども言いましたけど、ここ数年、私はアメリカでの試合が多いじゃないですか。それでアメリカに行くといつもからかわれるんですね。「サスケはトランプ派だよね！」って（笑）。

**「やっぱり試合が激減したことはかなり痛手です。私個人としてはかなりの危機的状況ですよ」**

――誰からですか？

**サスケ**　プロモーターさんとかからですね。これはなんでかっていうと、私は3年前（２０１７年）の宇宙大戦争でトランプに扮しているんですよ（笑）。

――ああ、ありましたね（笑）。

**サスケ**　いまはもうネットで瞬く間に全世界に情報が行き渡りますから（笑）。そんなことでアメリカではいつもからかわれたりしていましたねえ。それよりもっと前、トランプが大統領になる直前の2016年に、私のドキュメンタリー映画『THE GREAT SASUKE』が国際映画祭に参加した関係でシリコンバレーに行ったんですよ。その「さあ、いよいよトランプが大統領になりそうだ」っていうときにシリコンバレーの連中たちは「トランプ？　とんでもねえ！」って怒っていたんですよ。そこまでブチ切れることもねえだろって思ったんですけどね。私が間違いなく肌で感じた、体感したことは、アメリカって広いので、州によって法律も違うし、それぞれが全然違う国みたいなんですよね。アメリカ西海岸の人たちは本当にトランプが大嫌いなんだなと。逆に東海岸の人たちはわりとトランプのことが好きなんですよ。

——フロリダ州とかでは支持率が高いですよね。

**サスケ**　そうそうそう。だからアメリカも広いなっていうおもしろさと、あとはトランプを毛嫌いする人たちはみんな根拠が乏しいんですよ。「ただ嫌いだから嫌いだ」っていうんじゃなくてね、ここ数年でトランプがやってきたことをちゃんと冷静に分析してほしいですよね。それは日米ともにです。だってたとえばですけど、日本だと特別定額給付金がひとりあたり10万円でしたよね。アメリカは州の給付金にさらにトランプが国からドンと上積みして、1週間で１０００ドル近く。つまり1カ月で約40万円も支給しているんです。だから「助かった!」「トランプ、ありがとう!」って言っている人も大勢いるんですよ。そのへんは日本人も冷静に分析すべきだと思いますね。

――わかりました。すみませんでした。さて、サスケさんご自身の近況はいかがですか?

**サスケ**　やっぱりコロナにより試合が激減したことが大きいですね。かなり痛手です。私はいまフリーランス契約なので、試合がなきゃどうしようもないんで。

――でも、そこまで危機的状況な感じにも見えないですけど。

**サスケ**　いや、危機的状況ですよ。私個人としてはかなりの危機的状況ですよ。

――でもサスケさんのマインドの強さというのは、ケタ外れではありますよね。

**サスケ**　もちろん、もちろん。「こんなことで負けるかよ!」っていう思いですよ。

――こういう逆境のときって、どういうふうな思考をしていくんですか?

**サスケ**　まずは「笑う」ことですね。それしかないでしょうね。意味もなく笑う。アッハッハッハ!

――いまの笑いはたしかに意味がなさそうでしたね(笑)。

**サスケ**　まずは意味もなく笑ってしまえば、そこから「あれやってみよう、これやってみよう」っていう考えが浮かんできたりしますから。とにかく、まずは意味もなく笑う。そこからですよ。アッハッハッハ!

――素晴らしいですね。ちなみに、これまでの人生でサスケさんの最大の危機的状況はなんでしたか?

**サスケ**　うーん。危機的状況はそんなになくてですね……。あっ! でも、これは言ったらマズイかな……。いや、言えなくもないですよ。そうそう、あのね、あったんですよ。べつにこれは言ってもいいだろう、うん。先ほどもお話をした私のドキュメンタリー映画なんですけど、もちろんこれから日本でも公開したいんですよ。アメリカの監督から日本国内の配給とスポンサー獲得交渉の全権を私に委任されてますので。ところが、その監督と突如連絡が取れなくなって「あれ、ちょっとヤバイな……」となったんですね。こっちはそろそろ日本でも公開したいのに、監督と連絡が取れないのはまずいなと思っていたら、無断でＹｏｕＴｕｂｅにあげられてたんですよ(笑)。

**「私のドキュメンタリー映画がＹｏｕＴｕｂｅにあがっている。これがスポンサーさんにバレたらマズイんです!」**

――えぇーっ!(笑)。それはオフィシャルとしてですか?

**サスケ**　うん、その監督の公式チャンネルで。「おいおい！」と。「まだダメだって！」と。ちょうどまさにコロナ前ですよ（笑）。いやいや、ＹｏｕＴｕｂｅにあげるのはいいけども、まずは日本で劇場公開をして、それからブルーレイを発売して、さらにしばらくして「そこででしょ！」と。「いまじゃないでしょ！」と（笑）。

——アハハハハ！　サスケさんからすると、監督が異常行動を起こしたと（笑）。

**サスケ**　それであわてて監督にメールをしたんですけど、いっさい返事が来ないんですよ！「これはおかしいな……」と。それでもう1個のメアドに送っても返事がない。国際電話になっちゃうので電話はかけないけど、ツイッターのダイレクトメッセージで送っても無視！「あれ？」と。それでフェイスブックのメッセージで送っても無視と。さらにインスタのメッセージでもまた無視。挙句の果てに、ことごとくブロックされて「おいおい！」と（笑）。

——全部ブロックされたんですか!?（笑）。

**サスケ**　ブロックされたんですよ（笑）。それで「なぜだ!?」となりまして。それから「あっ、そういえば！」ってことで、監督の助手をしていた監督の妹さんがいたんですよ。彼女は日本在住でときどきお手伝いをしてくれていたもんですから、「あっ、そうだ！　妹さんに連絡しちゃえ！」と。それで妹さんのメアドにメールをしたんですけど、これがまた無視！それから妹さんのインスタをなんとか探し当てて、「おー、いたいた！」ということでダイレクトメッセージを送ったら、はいブロック。

——アハハハハ！　嘘でしょ〜!?（笑）。

**サスケ**　本当なんですから。「えーっ、なんだこれは！」と（笑）。それでカメラマンはバリバリのアメリカ人で、私は彼ともメアドを交換していたんでそのカメラマンにメールを送ってもまた無視。カメラマンのインスタを見つけてダイレクトメッセージを送ったけど、これもまた無視、からのブロック。「なんだよ、これ！」って。

——関係者みんなからブロックされるってヤバいですね！（笑）。

**サスケ**　そうこうしているうちにＹｏｕＴｕｂｅの再生回数もどんどんうなぎ登り（笑）。もうヒヤヒヤして。なんでヒヤヒヤするかっていうと、じつは日本のスポンサーさんが映画の製作にかなりの出資をしてくださっているんですよ。それは当然日本で劇場公開をして、配当を回収してもらわなきゃダメじゃないですか。もちろん私の気持ちとしても最大限でお返ししたいですし。

——なるほど。それはかなりマズイですね。

**サスケ**　本当に。すでにＹｏｕＴｕｂｅにあがっていることがスポンサーさんにバレたらマズイわけですよ。

——あっ、まだバレてないんですね？（笑）。

**サスケ**　まだバレてないんですよ。ＹｏｕＴｕｂｅなのにバレてないんですよ（笑）。ＹｏｕＴｕｂｅとかはあまり観ない人だから。

——これ、書いてもいいんですか？（笑）。

**サスケ**　うん、大丈夫、大丈夫。ＹｏｕＴｕｂｅを観ないってことは、たぶん『ＫＡＭＩＮＯＧＥ』も読んでないから（笑）。

——なら安心ですね（笑）。

**サスケ**　いやいや、こっちはもうヒヤヒヤですよ。再生回数が日々うなぎ登り。それで最近、私はアメリカで人気が出ちゃってるから、アメリカじゅうから「サスケ！　素晴らしいドキュメンタリー映画だね！」っていうダイレクトメッセージがバンバン来ているんですよ（笑）。

——「グッド！　グッド！」の雨あられ（笑）。

**サスケ**　「グッド！　グッド！」ってみんなが絶賛していて（笑）。もう選手から、プロモーターから、プロレスマニアから、メッセージが山のようにガンガン来ちゃって。「素晴らしいドキュメンタリーだ！」「もう、凄い！　泣けた！」って。まさに全米が泣いたっていうね。

——全米号泣（笑）。

**サスケ**　全米が泣いちゃってるくらい、いい作品ですから。「だけど、俺は違う意味で泣いてるよ！」と（笑）。

——サスケさん。これがいままでの人生でいちばんの危機的状況だなんて、めちゃくちゃ幸せな人生ですよ！（笑）。

**サスケ**　アッハッハッハ！　たしかに、たしかに！（笑）。でも私はスポンサーさんにいつバレるかと、本当に日々脅えていますよ。これが危機的状況と言わずしてなんと言うのか。読者のみなさん！　みなさんからも監督に文句のメッセージを送ってください。「いますぐＹｏｕＴｕｂｅを消せ」と!!

## THE GREAT SASUKE INFORMATION

水道橋駅から徒歩2分！
広島お好み焼き・鉄板焼き『おっこん』
文京区後楽1-1-15-B1F
https://okkon.yokochou.com

今回の取材に協力していただいた広島お好み焼き・鉄板焼き『おっこん』は、サスケが月例『元祖サスケの囲む会』を開催していることでも有名なお店。本取材も囲む会開催当日に行われたのだが、会の終了後にもかかわらずまだ多くのファンたちが残って会話を楽しんでいた（写真）。水道橋（後楽園）界隈にお立ち寄りの際は、本格広島お好み焼きをぜひご堪能ください。

ザ・グレート・サスケ（THE GREAT SASUKE）
1969年7月18日生まれ、岩手県盛岡市出身。プロレスラー。元岩手県議会議員。
1990年3月1日、ユニバーサル・プロレスリングから後楽園ホールのモンキーマジック・ワキタ戦でデビュー。1993年3月、日本初のローカルプロレス団体・みちのくプロレスを旗揚げ。代表としてみちのくプロレスを躍進させ、レスラーとしても新日本プロレスに参戦するなどして活躍。その人気ぶりは1997年にはWWF（現WWE）からオファーが届くほどであったが、交渉の末に白紙に終わった。2003年4月、岩手県議会議員選挙の盛岡選挙区に出馬してトップ当選を果たし、世界初の覆面銀となる。2014年からは新ユニット「ムーの太陽」をバラモン兄弟らと結成し、その「マスター」として布教活動と称し試合を行っており、「政界撤退も、プロレスラーとしては生涯現役」を公言している。UFO研究家としても有名である。

# 鈴木みのるのふたり言

第89回

## バッテンマーク

構成・堀江ガンツ

——新日本のシリーズが終わったばかりですけど、鈴木さんは忙しそうですね。

**鈴木**　いや、本当に忙しいんだよ。パイルドライバーの冬の新商品最終チェックとか、あとは来年、鈴木軍の軍団着10周年モデルが出るから、その打ち合わせなんかをさっきまでしていたし。来春以降出していくデザインの候補を詰めたりとかさ。

——これを収録しているのは11月上旬ですけど、アパレルブランドとしてはもう来年の春物に向けて動く時期ですもんね。

**鈴木**　そうそう。勘違いしてる人が多いけど、ウチはアパレルブランドだから。よくお客さんから「プロレスショップっぽくないですね」って言わたりするけど、ウチはプロレスショップじゃないから（笑）。俺がデザインするものだから、プロレスグッズに近いかもしれないけどね。

——それで先日は、ショップのイメージポスターもできあがったんですよね。パンクラス旗揚げ時に出た、鈴木さんの口にバッテンのロゴマークが乗ったデザインを模したやつが。

**鈴木**　そうそう。あれ、いいでしょ？

——いいですよ。パンクラス初期からのファンには思い入れのあるポスターですからね。なぜ今回、ああいうポスターを作ろうと思ったんですか？

**鈴木**　昔からお付き合いのあるカメラマンに「鈴木さん、カレンダーを作ろうよ」って言われてさ、いまどきカレンダーなんか売れないけど、おもしろいから作ることになったんだよ。その作る過程で「こういうポスターを作りたい」って言ったのが俺で。

上半身裸にハットを被って、昔のパンクラスみたいにバッテンマークを入れたらカッコいいかなって。それでこのアイデアが出てすぐパンクラスに電話したんだよ。パンクラスが商標権を持ってるので。

――あのバッテンのロゴマークの商標権ですか？

**鈴木** そう。こっちは「PANCRASE」じゃなくて「PILEDRIVER」って入れるから、厳密には違うロゴなんだけど、デザインは一緒だから「こういうのやりたいんだけど、いい？」って確認を取ってね。そうしたら「自由にやっていいです」って許可を得たんで、正式に作ったんだよ。

――パンクラス創業者の鈴木さんが、黎明期のパンクラスをパクるというか、リメイクするというか（笑）。

**鈴木** 言わばオフィシャルのパロディだよね。カメラマンは〝元ネタ〟の写真を撮った本人だし、その後、旗揚げ時のポスターをデザインしたTさんに連絡して「こういうのを作りたいから、みんなでギャグでやらない？」って。デザイナーも本物に頼んだから。

――〝セルフカバー〟なんですね（笑）。

**鈴木** ホンモノが作ったニセモノですよ（笑）。「半端なヤツは、原宿来るな。」って文字を入れてさ。店のポスターなのに「来るな」って書いてあるのが笑えるでしょ。

――パンクラス旗揚げ時のポスターもそんなコピーが入ってましたよね？

**鈴木**「半端なヤツはマネするな」と「素人は手を出すな」だったかな。あのポスターはいまだに「好きだ」って言ってくれる人が多いから、やるならそこまでちゃんとやらなきゃいけないと思ってね。

――ボクもパンクラスが旗揚げしたとき、大学2年生のいちファンでしたけど、あのポスターは買いましたからね。

**鈴木** 買ったんだ、あんなデカいポスター。A1っていちばんデカいサイズで特殊プリンターで作ったらしいから。

――鈴木さんと船木（誠勝）さんの2種類が出て、ちなみにボクが買ったのは船木さんバージョンでしたけど（笑）。

**鈴木** おいおい、今日の話はこれで終わりにするぞ！（笑）。

――ご無礼をお許しください（笑）。

**鈴木** でも、なぜか鈴木みのるバージョンのほうでなんかの広告デザイン賞を取ったんだよ。作った人が「初めて賞を獲った」って言ってたから。

――パンクラスはそのポスターのアートワークやロゴマークも含めて、イメージ戦略が斬新でしたよね。

**鈴木** 新しいイメージを打ち出したかったからさ、デザイナーもカメラマンもプロレスにまったく興味のない人たちを引き込んで、俺らと仲良くなって作ったんだよね。「パンクラス」っていう名前とコンセプトだけを話して、あとは自由に作ってもらって。ひとり、プロレスが大好きなコピーライターがいたんだけど、その人が付けてくれた名前が「ハイブリッドレスリング」なんだよ。

――コピーライターの命名なんですね。

**鈴木** 俺たちからじゃ出てこないよ（笑）。「ハイブリッド」って、当時はまだ日本に浸透していない言葉だったから。

――1993年ですから、ハイブリッドカーなんてない時代ですもんね。

**鈴木** ないない。唯一ハイブリッドっていうボールペンがあったくらいで、（ケン・）シャムロックからも「ハイブリッドってなんだ?」って聞かれたもん。英語圏の人間が「こんな言葉は知らない」って。

——なるほど。一般的に使われている言葉じゃなかったと。

**鈴木**　もともと生物学の言葉で「異なる種を交配させる」って意味だから。そういう専門用語を世に出したのが、たまたまパンクラスだった。だから2000年になるかならないかのとき、インタビューを受けましたよ。ハイブリッドカーの「プリウス」が発売されたとき、その以前からハイブリッドという言葉を使っていた企業がふたつあるって。それがボールペンとパンクラス。いまやハイブリッドなんて日本語になってるけどね。

——でも「ハイブリッドレスリング」っていうのはいいネーミングですよね。

**鈴木**　もともとプロレスラーって、自分たちの流派を守りたいがために外に関節技の技術とかを教えないと同時に、自分たちも他競技の道場に出稽古に行ったりしてなかったんだよね。でも俺たちはボクシングやキックボクシングを身につけたかったら、積極的に頭を下げて習いに行ったし。そうすることでいろんな格闘技の要素を取り入れようとした。その姿勢をコピーライターが「ハイブリッドレスリング」と命名してくれて、デザイナーがロゴマークで表現してくれた。だからあのバッテンマークの赤は血の色、血をかけ合わせるという意味でバッテンなんだよ。

——あのバッテン自体がハイブリッドを意味していると。

**鈴木**　そして黒は、地球上の色を全部混ぜ合わせると黒になるんですよ。だから赤と黒なんだって。凄くないですか?

——ちゃんと考えられていたんですね。

**鈴木**　イメージは「血管」だと言ってたね。しかも「PANCRASE」っていう文字の綴り自体、世の中に存在してなかった言葉なので。

——「パンクラス」はカール・ゴッチさんが「パンクラチオン」の原型として付けてくれた名前ですよね。

**鈴木**　そうなんだけど、ゴッチさんに「綴りはどうなります?」って聞いたら、「うーん、たぶんこれ」って書いたのがじつは間違ってたんだよ(笑)。

——間違ったからこそ、オリジナルの名前になったと(笑)。

**鈴木**　じつはそうなんだよ。だから英語圏の人も読めない。ゴッチさんが間違っていたっていうのは、のちにわかったんだけどさ。でも俺らにしてみれば、ゴッチさんが付けてくれた名前なんで、そこに正しいも不正解もないんですよ。

——固有名詞ですからね。

**鈴木**　そういうことだよ。あれだけ信頼して大好きだった先生から「おまえたち、今日からこれを名乗りなさい」って出してくれた名前がまさか間違ってたなんて思わないじゃん(笑)。たしか盲腸か十二指腸かの英語読みと一緒なんだよね。

——英語がわかると「どういう意味なんだ?」ってなるわけですね(笑)。

**鈴木**　でもそんな綴りが間違っていた名前が、いまや世界で通用しますからね。

——もっとも歴史の長いMMAプロモーションとしてですよね。

**鈴木**　知ってる? いまアメリカでパンクラスのドキュメンタリー映画を撮ってるんですよ。MMAの黎明期を描く映画らしくて、当時のライオンズ・デンのメンバー、ガイ・メッツアーとかが中心になって撮影されているらしい。

——ケン・シャムロックじゃなくて、ガイ・メッツアーなんですか?

**鈴木**　シャムロックは高いカネを要求して、外されたって聞いた（笑）。

——それもまたシャムロックらしい（笑）。

**鈴木**　あとはバス・ルッテンとかフランク・シャムロックら、パンクラスの初期に活躍した選手たち。あとジョシュ・バーネットやジョー・マレンコも絡んでるって言ってたね。やっぱりゴッチさんの名前を使うから、マレンコは証言者として欠かせないから。それで「ぜひ、協力してくれ」っていう連絡が、いま俺のところにも来てる。

——MMAの歴史をたどると、第1回UFCの2カ月前にパンクラスは旗揚げしているわけですもんね。

**鈴木**　そして初期UFCを盛り上げたのは、間違いなくシャムロックとホイス・グレイシーなので。

——ふたりのライバル抗争があって、シリーズ化が可能になったという。

**鈴木**　ホイス・グレイシーによって、グレイシー柔術が世に出たわけだけど、ケン・シャムロックのほうも「アイツ、どこから出てきたんだよ?」「パンクラスってなんだよ?」だったらしくて。〝未知の格闘技〟同士の対決からUFCはスタートしているので。

——シャムロックのバックボーンは当初、「シュートファイティング」って紹介されてましたよね。

**鈴木**　「ハイブリッドレスリング」「パンクラス」っていう言葉はすべて造語だから、それじゃ通じなかったんだよね。でもあれから27年が経ってしっかり定着した。いま俺はパンクラスMISSION所属を名乗っているけど、それは俺とか佐藤光留、冨宅飛駈らパンクラスを辞めてプロレスに出る選手の総称として使ってるだけなので。べつに組織として存在してるわけじゃないんだけど、なんか関わりたいんですよ（笑）。

——創始者ですから、名乗っていいと思いますよ（笑）。

**鈴木**　いまでも俺はパンクラスを観ているし、いいときもダメなときも観続けてきたからね。

——でも、MMAのプロモーションが27年も続くって凄いことですよね。

**鈴木**　母体となる会社は何度か変わったけどね。だから俺たちが「パンクラス」という名前やモノを自分のものにしなかったから続いたのかもしれない。俺とかが「この権利は渡さないよ」みたいなことを言い出してたら、こんなに長く続くことはなかったんじゃないかな。俺がパンクラスを辞めるとき、横浜の道場を渡す際、みんなにハッキリ言ったから。「渡すということは自由です。続けてほしくて渡すんじゃないし、願いも望みもない。好きに使ってくれ」と言って道場の権利をすべて渡してきたんで。それができているから残ってるんじゃないかなって。

——しかも渡したあと、「いまのパンクラスは、俺たちが理想として作ったパンクラスじゃない」とか言い出さないし（笑）。

**鈴木**　もうあげちゃったんで、俺は関係ないもん（笑）。それより俺は「パイルドライバー」ってブランドを世界に広げたいから、いまは「パンクラス」に負けねえぞって気持ちだね。

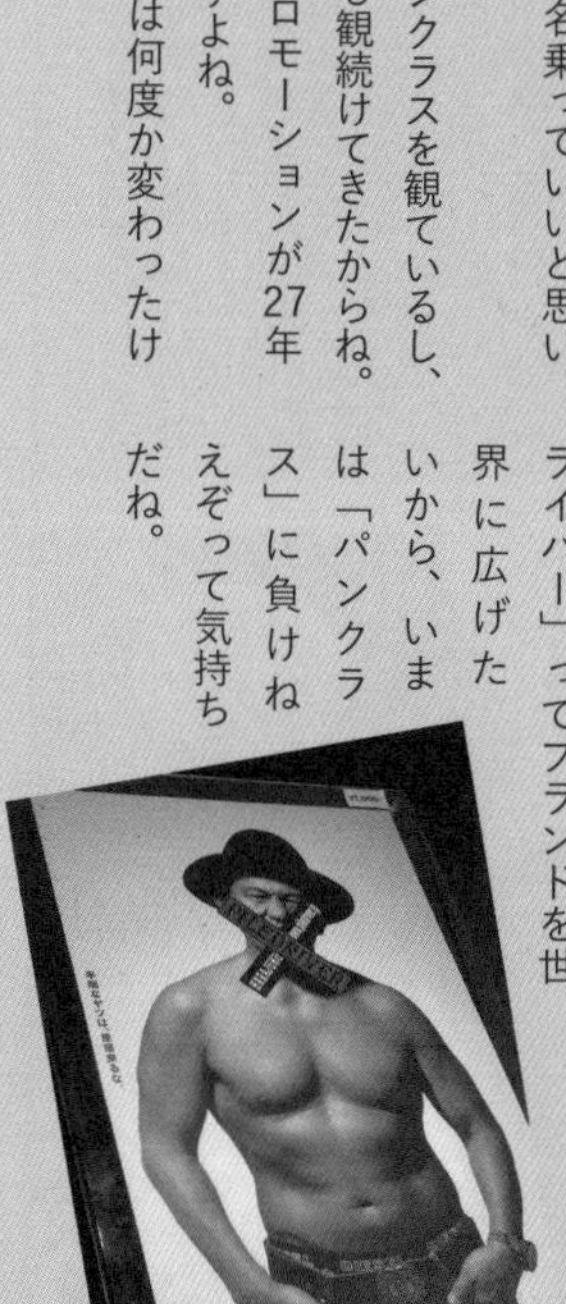

# 西村知美の逆襲

作：今村MJ

悪気はないのに
大惨事！
アーーッ
大丈夫!?
ガガガガガ
ガラガラ
ドーーン！
ごめん
なさーい！
カッ
同時上映：西村知美 vs 佐野量子

# KAMINOGE BLOOMING GIRL

**ビューティ・ペアからX JAPANまで。**
**トロリンの音楽リスナー遍歴を探る!!**

収録日：2020年11月9日　撮影：タイコウクニヨシ　聞き手：井上崇宏

# 西村知美

【女優・タレント】

「マイケル・ジャクソンさんのこと、ずっと女性だと思っていたんです。声も甲高いですし、みんな『マイコー、マイコー』って言ってるから『日本人のマイコさんかな？』みたいな。だけどコンサートに行って見てみたらあきらかに男性なんですよね。不思議だな〜と思って」

## 「長与千種さんは宝塚のように凄くカッコよくて、またトークもカッコいいんですよねえ」

――に、西村さん、すみません。今月もまたノコノコとやってきてしまいました……。

**西村**　いえいえ、お疲れ様です。私、今日はちょっとピンク系のニットを着てきました～。

――ああ、素敵ですね（にっこり）。

**西村**　ありがとうございます（にっこり）。なんだか、いつもいろんな方から凄く反響をいただいていて、『KAMINOGE』を見たよ。凄いね！」っていうのと「なんで？」っていうかならず2種類の反応があるんですよ。

――「プロレスとか関係ないよね」と（笑）。

**西村**　「見たよ！」と「でもなんで？」っていうのがかならずセットになっていて。だから私もこうしてちょくちょく来ていただくことが本当に申し訳なくて、少しでも格闘にまつわるお話ができたらいいんですけどね……。

――いえいえ、そんなことを西村さんにお話していただこうなんて思ってませんから。だって次は表紙も甲本ヒロトさんですから、ボクらはおもしろければなんでもいい感じでして。

**西村**　あっ、そうなんですか？　ブルーハーツさんをやっていらした。**ブルーハーツさんって、バービーボーイズさんとはまた別なんですよね？**

――はい？　すでに名前が違いますよね……（笑）。

**西村**　あっ、すみません！　自分で言っておきながら「あれ？」ってなりました（笑）。ちょうど来週のラジオのゲストがバービーボーイズの杏子さんなので**つい頭の中が混乱してしまいました。**

――混乱（笑）。

**西村**　失礼しました。本当に申し訳ないです。

――いえいえ。ちなみに西村さんはどんな音楽がお好きなんですか？

**西村**　私はですねえ、本当にオールマイティーでいろんな曲を聴くんですけど、最初に記憶にある曲は小学校の頃に姉とバラを口にくわえてボックスを踏みながら、「♪ビューティ、ビューティ、ビューティ、ペアー」って歌っていたのを凄い憶えてるんですよ。なのでビューティ・ペアさんは大好きだったんでしょうね。

――『かけめぐる青春』ですね。

**西村**　あっ、これ、格闘の話と少し関係ありますね！　かといってプロレスの試合を観ていたわけではないんですけど、あの歌は凄く大ヒットしましたよね。それで私がデビューしたときがちょうどクラッシュ・ギャルズさんの大ブームだったんですよ。女のコたちに追っかけされるほど凄く人気がありましたよね。のちに長与千種さんがウチの事務所と業務提携をされて、プロデューサーさんが長与さんのことを凄いかわいがっていらして、お食事会をされているところに私も呼んでいただいたことがあるんですよ。もう宝塚のように凄くカッコよくて、またトークもカッコいいんですよねえ。

——語る言葉が。

**西村**　語る言葉が。**もう全然憶えていないんですけど（笑）。**でも「カッコいいな〜」という印象が凄くあって、いまでも忘れられないのが、お食事が終わって長与さんが夜の街に消えて行かれたんですけども、そのときに長与さんがちらっと振り返られて私たちに「じゃっ！」って言ったときの姿。あれはいまでも忘れられないです。「本当にカッコいいな〜」って。

——何を言ってたかは憶えていないけど、立ち去るときの姿は憶えてる（笑）。

**西村**　ごめんなさ〜い。きっと私が緊張していたせいだと思うんですけど、どんな会話をしたのかまったく思い出せないです（笑）。

——本当に全然大丈夫です。

**西村**　ありがとうございます。そうやって考えると、こないだ関根勤さんと旅番組でご一緒させていただいて、2日間凄く楽しい時間を過ごさせていただいたんですけど、関根さんは凄く格闘がお好きですよね？

——関根さんは大好きですね。

**西村**　それでよくモノマネもされているじゃないですか。私、関根さんのモノマネが大好きなんですよ。もの凄くマニアックですよね。

——マニアックすぎて本物を知らないっていうパターンも多いですよね（笑）。

**西村**　まさしく私はそうで、モノマネをされているご本人のことはよく存じ上げないんですけど、関根さんご自身がおもしろくて、そのあとネットとかで調べて「あーっ！」ってご本人を知るっていうのが凄くおもしろいんですけど。関根さんにはカメラが回っていない移動中とかでも凄い楽しませていただいてるんです。

**「本当に申し訳ないんですけど、私はマイケル・ジャクソンさんもビートルズさんも知らなかったんですよ」**

——サービス精神旺盛な方なんですね。

**西村**　そうなんですよ。それでずっといろんなお話をされているなかで、関根さんはブルース・リーさんもお好きなんですよね。あまりにも好きすぎて中学のときに初めて女のコと

デートしたとき、お母さんにブルース・リーっぽい黄色のニットの服を編んでもらって、それを着て行ったんですって。

――へえー！

**西村** それを着て行ったら、彼女に凄い引かれたっていう話をされていたんですけど。そのぐらいブルース・リーさんがお好きだっていう話をされていて、ブルース・リーさんが凄くいいことをおっしゃっていたって言うんですね。その言葉には関根さんもの凄く感銘を受けたと。私はそんな関根さんに凄い感動して、「凄いですねー！」って聞いていたんですけど、**ブルース・リーさんが何をおっしゃったのかが全然思い出せなくて。**

――アハハハハ！

**西村** 凄く感動したことは憶えてるんですよ。その言葉に感銘を受けた関根さんに対しても感動して、「凄いですね！」っていうトークを移動中にしたので、それを『KAMINOGE』さんでもお話しようと、今日の朝まで一生懸命思い出そうとしたんですけど思い出せなくて。

――長与千種さんのときと同じパターンですね。言葉だけが思い出せない（笑）。

**西村** そうなんですよ。うわー、凄いざんねーん！　私って頭の中の断捨離が凄すぎて。ごめんなさいね、いつも肝心なところを憶えていなくて。すみませんでした。本当に。

――本当に大丈夫ですから……。

**西村** 関根さんに今度いつお会いするかわかりませんが、もう1回聞いておきますね。

――もう1回聞くことを忘れそうですね（笑）。

**西村** では、関根さんにお会いする機会があったらぜひ直接聞いてみてください。

――忘れる気マンマン！（笑）。

**西村** もう、人任せでごめんなさ～い。本当に私ってなんなんでしょうね？　で、音楽の話でしたね。

――先日、チェッカーズが大好きだったという話はお聞きしましたけど。

**西村** チェッカーズさんが大好きで、とにかくハマるととことんハマってしまうので、チェッカーズさんにもいまでもハマらせていただいてるんですけど、やっぱり当時は菊池桃子さんも凄かったですよね。それと20代の頃ですかね、事務所の方が「マイケル・ジャクソンが来日するよ。絶対に勉強になるから観に行ったほうがいい」っていうのでチケットを取ってくださったんですよ。私、本当に申し訳ないんですけど、**マイケル・ジャクソンさんを知らなかったんですね。**

――存在を？

**西村** 存在を知らなくて。デビューして東芝ＥＭＩに入ったとき、ビートルズさんも東芝ＥＭＩだったんですけど、私、

**ビートルズさんのことも知らなかったんですよ。**外タレさんの曲って1回も聴いたことがなくて。

——いやでも、ビートルズの曲って素通りできないというか、普通に生活しているとかならず耳に入ってくるものじゃないですか。

**西村**　たしかに「ビートルズを勉強しなさい」って言われてベストアルバムを貸していただいたら、全部の曲を知ってたんですよ。

——そうなりますよね。

**西村**　「あっ、ビートルズさんだったんだ」と思って。生活の中で何かしらかかってるんですよね。ウチの娘の学校に見学に行ったときに**体育の柔軟体操で『ヘイ・ジュード』が流れてましたからね。**

——体育の授業中に『ヘイ・ジュード』。

**西村**　「いまの時代って凄いね。ラジオ体操第一とかじゃないんだね」って。それで私はマイケルさんを知らなかったから、デビューした頃に『クイズ・ドレミファドン！』に出演させていただいたことがあって、あの番組ってときどき凄い外タレさんがゲストで出られてたんですよね。それで私が出演させていただいたとき、ひな壇の隣が外タレさんだったんですけど、私のマネージャーさんがもう大興奮してるんですよ。その外タレさんは女性だったんですけど、私はどなたか全然存じ上げなくて。そうしたらマネージャーさんが「あの方はね、マイケル・ジャクソンのお姉さんのラトーヤ・ジャクソンだよ！」って凄い興奮されてるんですけど、私はマイケルさん自体を知らないからどれだけ凄いのかがわからなくて（笑）。

——そのお姉さんと言われても（笑）。

**西村**　でも凄くやさしくていい方で、私でもわかるような中学レベルの英語で「衣装がかわいいね」とか「何が好きなの？」とかって凄く話しかけてくださったんですね。そのときは「へぇー。まつ毛が凄くて、お化粧も綺麗だなあ」っていうくらいしかわからなかったんですけど、あとになって「あのとき一緒に写真を撮ってもらえばよかった！」っていうくらいマイケルさんにハマってしまって。

## 「『どうしてもマイケルさんに手紙を書きたい！』ってことでロスのご自宅のポストに手紙を入れたりしましたね」

——あっ、のちにハマったんですね。

**西村**　はい。「コンサートを絶対に観たほうがいい」って言われて「観に行くんだったら曲を知らないとつまらないかな」と思って、『Ｂａｄ』ってアルバムを買って移動中とかに聴いていたんですね。それでマネージャーさんに**「あれ？　マイ**

**ケルさんって男性だと思っていたんだけど女性なんだね」**って言ったことを憶えてるんですよ。私はずっと女性だと思っていたんです。

――女性の声に聴こえたと?

**西村**　そうなんですよ。**それでコンサートに行ったら男性だったので。**

――コンサートに行くまで気づかなかったですか！　「えっ、男!?」って（笑）。

**西村　みんな「マイコー」「マイコー」って言ってるから「日本人のマイコさんかな?」とか。**

――来日するって言ってるのに（笑）。

**西村**　マネージャーさんに「女の人なんだね」って言ったときもスルーされて何も答えてくれなかったので、ずっと女性だと思ってコンサートに行ったら、あきらかに男性なんですよ。「でも女性のような甲高い声だな。不思議だな～」と思って。でも、そのエンターテインメントというかショーはとにかく素晴らしかったので、そこからめちゃくちゃハマってしまったんですよ。もうマイケルさんのアルバムを全部買って、その前の歴史もあるってことも知って、ジャクソンズとかジャクソン5のソロからLPも全部買ったんですよ。それでも物足りなくて、ジャクソン5関連のモータウン・レコードに走って、マーヴィン・ゲイさんや、スプリームスとかも聴くようになって。

――同じレーベルのものまでたどり着いて。

**西村**　そうなんです。なぜかと言ったらマイケルさんってカヴァーが多かったんですね。それで「カヴァーの本当の曲を聴きたい」っていうのでモータウンの曲も凄く聴くようになって。そのうちマイケルさんがまだインディーズの頃にインディアナ州のゲーリーっていうところで活動していたときの『ビッグ・ボーイ』っていうシングルレコードまで手に入って。

――デビューシングル。

**西村**　そう！　もうそれがうれしくて、いろいろとマイケルさんにまつわる本やら何やらまで収集するようになって。それでも物足りなくなって結局はフィンガー5までいきましたね。

――今度はカヴァーされているほうに走って（笑）。

**西村**　もう好きすぎて。特に子どもの頃、11、12歳の頃のマイケルさんの声が大好きですね。私、普段はレコードって聴かないんですけど、本当にあのときはもの凄く聴くようになっていましたね。マイケルさんがロスに住んでいたときは家まで行きましたから。家っていうか、タレントさんの家マップっていうのが売ってるんですよ。

――ああ、セレブたちの自宅が早わかりみたいな。

**西村**　そうなんです。それでタレントさんのおうち巡りっていうのができるようになっていて、それでマイケルさんの家も観に行って。もちろん門から中には入れないし、門が開いたとしてもお家なんて何百メートルも先みたいな感じなんですけど、**私は「どうしてもマイケルさんに手紙を書きたい!」**っていうことで手紙をポストに入れたりしたことを憶えていますね。

——想いをしたためた手紙を投函して帰ったんですね。

**西村**　はい。そのときはレコーディングとか写真集の撮影でロスに行ったんですけど、3週間くらい滞在していたので空いている時間はマイケルのコンサートに行ったりとかもして。

——ちょうどロスでコンサートもあったんですね。

**西村**　ちょうどロスでコンサートをやってたんですよ。それがもうれしくて。都内でのコンサートだと、まわりの方も日本人なのでちょっと恥ずかしくて歌えないんですけど、向こうは誰も私のことを知らないので、もう踊って歌って凄いはっちゃけた思い出がありますね。あっ、いま思い出したのが、マイケルさんが東京ドームでコンサートをやったときに2、3回チケットを取っていただいて観に行ったんですけど、そのうちの1回だけなんといちばん前の席で。

——西村さんもセレブですからね。

**西村**　そんなそんな。いまもお世話になっている私のプロデューサーさんが、いつものご褒美ということで最前列の席を取ってくださったんですよ。そのとき、いちばん前のど真ん中が松田聖子さんで、その5つ隣が山田邦子さん、さらにその5つ隣が私だったんですよ。

——凄いですね。

**西村**　凄くいい席で。だけど前すぎて、ほとんど足しか見えないって状態なんですけど（笑）。それでも凄くうれしくて「こんな席で観られるなんて、一生に1回もない！」って思いながら楽しんで、マイケルさんと一緒に歌ってたんですね。私は英語が全然できないんですけど。

## 「ここだけの話ですけど、マイケルさんとはニアミスも多かったんですよ。会いそうだけど会っていないっていう」

——ちゃんとした歌詞で歌っていないってことですか？

**西村**　耳で聴いてなんとなく覚えたイメージだけで歌うんです。それがもし、**お仕事とかであればきっとちゃんと覚えると思うんですけど。**

——仕事じゃないし（笑）。

**西村**　なんかもう聴いた感じの雰囲気だけで覚えていたんですね。でもやっぱり一緒に歌いたいので、口を動かして歌ってたんですよ。そうしたらですね、マイケルさんの側のほうにカメラがいっぱいあるじゃないですか？

——マイケル側の撮影スタッフですね。

**西村**　ええ。その中に手持ちでお客さんを撮っているカメラマンさんがいたんですけど、そのカメラがいきなり私をアップで撮ってるんですよね（笑）。

——最前列ですから、そういうこともあるでしょうね。

**西村**　もう私の顔から20センチくらいの近い距離から撮られてるんですよ。それで私は「**どうしようかな?**」と思って。向こうはファンの人の熱狂的なところを撮りたいわけだから、「もっともっと盛り上がらなきゃ!」って思いながら。

——向こうの欲求に応えたいと(笑)。

**西村**　でも正確な歌詞は全然わかっていないんですよ。「**でも、歌っていたらコアなファンだというふうに思っていただけるかな**」と思ったら口を止められなくて、ずっとかなりでたらめな感じで歌い続けたんですよ(笑)。

——まあ、お気持ちはわからなくもないです(笑)。

**西村**　「**まあ、バレないよな**」と思ったんですけど、カメラを持っている外国の方が凄く笑ってるんですね。もう肩を揺らして笑ってるからカメラが揺れちゃってて(笑)。

——爆笑レベルですね(笑)。

**西村**　でも、やっぱり「**マイケルさんから目が離せない!**」って態度じゃないとファンとして失格だと思ったので、カメラを意識しているとよくないじゃないですか。

——めちゃくちゃ意識してるんですけどね(笑)。

**西村**　マイケルさんから目線を外せないんだけど、どうしても間近でカメラがもの凄く揺れているのが視界に入ってきて。それで「私、どうしよう。全然歌えてない……。もしも性能がいいマイクで音まで録られていたらどうしよう……」と焦った記憶がありますね(笑)。「**この映像、どこかで使われるんじゃないか?**」とか。

——「日本の熱狂的なマイケルファン」として。

**西村**　ライブ映像とかによく熱狂的なファンの人たちが映ってるじゃないですか。「あんな感じで使われていたらどうしよう?」と思ってかなりチェックしましたけど使われていなかったですね。よく考えたら、私が事務所に所属してるからそういうところでは使いづらいっていうのがあるかもしれないですね。でも世界のどこかで流れてるんじゃないかと思って、凄くドキドキしながらしばらく生活していましたね。

——脅えながら暮らしていたんですね。

**西村**　**ここだけの話ですけど、**マイケルさんとはニアミスも多かったんですよ。

——マイケルとニアミスですか?

**西村**　会いそうだけど会っていないっていう。この世界にいてありがたいのは、同じ業界ということでコンサートに招待していただいたりすると、打ち上げとかにも呼んでいただけるじゃないですか? 何回かマイケルさんのチケットを取っていただいて観に行ったときに、楽屋じゃないですけど「コンサートのあと、みんなで交流会があるのでそこにいらっしゃいませんか?」って声をかけていただいて、それで行ったらタレントさんもたくさん集まっていらしたんですけど、そこにマイケルさんがいらっしゃるのかなと思ったら、バンドの方たちやコーラスさんがいらして「マイケルは疲れたので今日はホテルに帰って休んでおります」っていうことでお会いできなかったっていうのがありましたね。あとは直接マイケルさんとは関係ないんですけど、『あの人はいま』っていう番組でエマニエル坊やさんの取材をやることになって、ロスまで会いに行ったんですよ。

――ああ、いいですねえ。

**西村**　当時は30歳でしたけど、身長はあのままでお子さんみたいにかわいらしく見えるけど、ちゃんとした背広を着ていて、会社の社長さんをされていらっしゃっていて。それでいろいろインタビューさせていただいたんでけど、それから番組の特番にもいらっしゃるということで日本に来られたんですね。それで夜にお食事に行ったり、ディスコみたいなところに行かれて凄く楽しんでいらして、「もし、よかったら取材もしているのでいらっしゃいませんか?」って番組スタッフの方に呼んでいただいたんですよ。エマニエル坊やさんってマイケルさんとめちゃくちゃ仲がいいこと知ってます? 抱っこして撮っている写真とかありますけど。

――たしかにそんなツーショット写真を見たことがある気がしますね。

**西村**　プライベートでもマイケルさんと交流があるんですよね。それでマイケルさんは日本がお好きなのでお忍びで来日されることもあって、もちろんそういうときは報道されないんですけど、「じつはいま、お忍びでマイケルさんも日本にいるんです。エマニエルさんがマイケルさんを呼んでいますので会えるかもしれないですよ」っていうスタッフさんの言葉に惹かれて、「いますぐ行きます!!」ってタクシーを飛ばして行ったんですよね。

――もしかしたらプライベートのマイケルに会えるかもしれない!

**西村**　そうなんですよー。それでマネージャーさんと向かってディスコのVIPルームでワクワクしながら待っていたんですけど、いらしたのがマイケルさんのお付きのみなさんで。

――またもや本人以外が（笑）。

**西村**　「マイケルは疲れたからホテルに帰ったよ」って（笑）。

――とにかくマイケルはお疲れですね。

## 「私はロックを聴く機会がまったくなかったんですけど、それでも好きだったのは聖飢魔IIさん」

**西村**　それで結局会えなかったんですよね。

――でも非常に会える確率の高かった2件ですね。

**西村**　それともうひとつ、マイケルさんは歌ったり踊ったりはしないんだけど、マイケルさんを囲むイベントがあるということで。

――コンサートではなく、ファンとの交流会みたいな。

**西村**　ええ。「うわー、行きたーい！」って思ったんですけど、チケットが40万くらいで高いしなあと思って。叶姉妹のおふたりは行かれたという報道があったんですけど、でも、どうせならマイケルさんが踊っている姿が観たいと思って、そこはちょっと遠慮させてもらったんですけど、あとから聞いたらマイケルさんと一緒にお写真も撮れたんですって。「うわー、やっぱり行きたかったー。でもまたワールドツアーがあるから」と思って楽しみにしていたら、そのツアーのリハーサルの最中に亡くなられちゃったんですよね……。あのとき40万のチケットはとても手が出せなかったんですけど、行っておけばよかったなって思いますよね。もちろんチケットも簡単には取れなかったでしょうけどね。

――マイケルさんへの愛をたくさん語っていただきましたけど、西村さんってロスでレコーディングしたことがあるんですか？

**西村**　そうなんですよ。バブリーな時代ですよね。ロスでは写真集の撮影もやったんですけど、撮るのが早いカメラマンさんだったので、「5日間撮影で2日間の休み」の予定が2日間で撮影が終わって5日間が休みになったので、マイケルさんのコンサートに行ったりとか、おうちまで行ったりとか、レコードを買い漁ったりできたんですよね。それでジャクソン5のレコードを集めていた頃なので、向こうのタワーレコードさんに行って子どものグループを探してたんですよ。そのときに見つけたのがバブルガム……**バブルガム・ブラザーズは日本人ですよね（笑）。**

――おじさんふたりですね（笑）。

**西村**　ごめんなさい、もう何十年も前だから忘れちゃった。とにかく黒人の子どもたちで凄くかわいいポップな曲ばかりのアルバムで気に入ってたんですけど、あとはニュー・キッズ・オン・ザ・ブロックさんが当時、向こうでは光GENJIみたいに人気だよってことで買ったんですよ。そうしたら日本でもめちゃくちゃ人気が凄くて、そのあとに東京ドームにニュー・キッズ・オン・ザ・ブロックさんが来たんですね。それで私が「聴いてます」ってことを話していたら、ラジオのゲストで来たときに私も呼んでもらったんですよ。そこで熱く気持ちを語ったことを憶えていますね。そうやって、いろんなご縁で外タレさんとはご一緒させていただく機会がありましたねー。

――やっぱり西村さんは日本代表感がありますもんね。

**西村**　いやいや、まったくないです（笑）。英語もできませんし、なんにもないですよ。

——西村さんはリスペクトがありつつも、萎縮せずに外タレさんたちと対等に会話できそうじゃないですか。

**西村**　まったくです。ただ、ハタチの頃って12歳くらいに見られていたと思うんですよ。

——ああ、日本人って若く見られますよね。

**西村**　私も子どもに見られていたのか、みなさん凄くやさしくしてくださって。でも、こういう仕事をしているからこそ普段会えないような外タレさんに会えるっていうのは本当にありがたいですよね。

——ちなみにロックとかは聴かないんですか?

**西村**　これがですね、私はロックを聴く機会がまったくなくて。それでも好きだったのが**聖飢魔IIさん。**

——デーモン閣下。

**西村**　『蝋人形の館』ですとか、私はあの世界観が大好きなんですよ。凄く好きでレコードも持っています。それが意外なところで役に立ったのが、娘が赤ん坊の頃、泣いているときにあの曲を聴かせると泣きやむんですよ。

——「おまえを蝋人形にしてやろうか」で（笑）。

**西村**　かならず泣きやむので、レコードを買っておいてよかったなって（笑）。あの曲と、あとはコンビニの袋をカシャカシャってやると泣きやむんですよね。

——泣きやむってことは心が穏やかになっているということですよね。

**西村**　そうなんですよね。あれの何があれなのか。あと泣いているお子さんにピッタリなのは「さてはさては」の狂言。狂言がいちばん泣きやむんですよ。

## 「Xさんのアルバムに私の名前を入れていただいてるんですよ。べつにどっかでセッションしたわけでもないのに」

——「さてもさても」ですかね。あとは反町隆史さんの『POISON』も聴かせたら泣きやむみたいですね。

**西村**　あらー。じゃあ、もし孫ができたらぜひやってみたいですね。なので本当に申し訳ないんですけど、ロックは何を聴いても……特にハードロックとかヘビメタとかだと全部同じに聴こえちゃうので全然よくわからなくて。前にもお話ししたかと思うんですが、**私、ミック・ジャガーさんは知っているんですよ。**

——初耳ですね。

**西村**　あら。ミック・ジャガーさんが日本に来たときにやっぱり事務所の方が「観たほうがいい」ってチケットを取っていただいて。

——ミック・ジャガーがソロで来たときですか?

**西村**　ソロで。だからミック・ジャガーさんは知ってるんですよ。曲はちょっと憶えてないんですけど。それでロンドンに行ったときに街中にポスターが貼ってあって、真ん中の人がミック・ジャガーさんにめちゃくちゃ似ていたんですね。**「やっぱりロンドンにはミック・ジャガーさんに似た人がたくさんいらっしゃるんですね」**って言ったら、「これはミック・ジャガー本人だよ」って。

——ローリング・ストーンズのポスターだったんですね。

**西村**　そう、ローリング・ストーンズさんのポスターだったんですよ。私は全然知らなくて「えっ、そんなグループがあったんですか?」みたいな感じだったので「本当に勉強しなさい!」って言われたのを凄く憶えてますね。KISSとかもいろんな人に教えてもらって聴こうと思うんですけど、やっぱりどうしても頭に入ってこなくて。でも、あの人は聴いてたかな。ボン・ジョヴィさん。

——ボン・ジョヴィさん。

**西村**　ボン・ジョヴィさんは2曲知ってますね。なんでかって言ったら、お世話になっていたスタイリストさんがボン・ジョヴィさんのスタイリストもやってるっていう話を聴いて、なんかちょっと近いというか。

——身内気分で(笑)。

**西村**　それで**「聴かないと失礼かな?」**と思って聴いていたのでボン・ジョヴィさんは知ってますね。だけど私はロックとは無縁なんだろうなと思っていた矢先に、ウチの姉がX JAPANさんのもの凄いファンになって。それで姉からいろいろ聴かされるんですけど、「やっぱり聴いてもよくわからない」っていう話をしていたら、これもたまたまご縁なんですよね。Xさんと凄く仲のいい方と私は昔から仲良くて、共通の知り合いの関係ということで「ウチの姉が凄くファンなのでコンサートに連れて行ってもらえませんか?」って言って連れて行ってもらったことがあるんですよ。それでやっぱり曲はわからなかったんですけど、本当にXさんには申し訳ないです(笑)。

——Xさんには申し訳ない(笑)。

**西村**　ただ、エンターテインメントとしてマイケルさんのときの衝撃と同じだったんですよ。YOSHIKIさんがドラムやピアノを演奏されたり、ドラムを壊されたりとか、Hideさんの世界観だとか、TOSHIさんの歌声だとかっていうのが本当に素晴らしくて。それで私も姉と一緒にハマってしまって、だから初めてロックを聴き出したのはXさんですね。

——いや、聖飢魔IIですよね?

**西村**　(聞かずに)それでXさんが弟分みたいにしてかわいがっていらしたのがLUNA SEAさん。

——LUNA SEAさん。

**西村**　これも申し訳なかったんですけど、Xさんの打ち上げに呼んでいただいたりしたときにいらしたLUNA SEAさんのことをローディーさんだとずっと思ってたんですよ（笑）。「えっ、この方たち、武道館でコンサートされている凄い方だったの!?　すみませーん！」みたいな感じだったんですけど。みなさん凄くいい方たちで、やっぱり世界観がある方って会話をさせていただいてもの凄くずっと聞いていられるっていうくらいおもしろい方たちで。普段はとっつきにくいイメージがあっても凄く私たちにはやさしく接してくださったんですね。それで凄くありがたかったのが、アルバムのスペシャルサンクスに名前を入れていただいてるんですよ。

——えっ、なんでですか？

**西村**　不思議ですよね。Xさんのアルバム2枚くらいにスペシャルサンクスで「TOMOMI NISHIMURA」って。それって凄くないですか？　もしかしたらLUNA SEAさんのほうにも入ってるんじゃないかな？　**チェックしていないのでわかりませんけど。**

——もしかしたら入ってるかも（笑）。

**西村**　凄くありがたいんですけど、「なんで私なんかが？」って思いましたね。

——それは向こうの人たちも西村さんの世界観に引き込まれたんだと思いますよ。だからスペシャルサンクスなんですよ。

**西村**　どうなんですかねー？　する機会がないので、「なんでですか？」っていうお話ができないのがちょっと残念ですけど。

——「私のどこがスペシャルだった？」って聞いてほしいですね（笑）。

**西村**　Xさんの熱狂的なファンの方たちはそういうクレジットのところも全部見るじゃないですか。みなさん頭の中が「？」だと思いますよ。**べつにどっかでセッションしたわけでもないのに。**

——セッション（笑）。

**西村**　アルバムでご一緒させていただいたとか、対談をさせていただいたとかいっさいないんですよ。だから不思議ですよねー。

——でも、ボクの中では西村さんがいちばんロックだと思うんですけどね。

**西村**　いやいやいや、そんなそんな。私なんてとんでもない！（笑）。

——いや、頂点に君臨している人ほどそう言いがちですよね（笑）。

**西村**　いやいや、もう頂点なんて行ったことも見たことも登ったこともないですよ（笑）。なのに、こうしてずっとお仕事をやらせていただいて、本当に私はみなさんにスペシャルサンクスですよ。**ウフフフ〜。**

西村知美（にしむら・ともみ）
1970年12月17日生まれ、山口県宇部市出身。女優・タレント。
1984年11月、姉が写真を応募したことで雑誌『Momoco』のモモコクラブに掲載され、同雑誌が主催した『第1回ミス・モモコクラブ』でグランプリを受賞。これがきっかけとなり芸能界入りし、1986年3月に映画『ドン松五郎の生活』でデビュー。同時に主題歌『夢色のメッセージ』でアイドル歌手としてもデビューを果たす。その後は、ドラマやバラエティ番組、声優や絵本作家として活躍。1997年、元タレントでCHA-CHAのメンバーだった西尾拓美と結婚して、愛娘を授かる。現在も精力的に芸能活動中。

プロレスがわかれば世の中が、
そして世界が見えてくる。

# プロレス社会学のススメ

## 斎藤文彦×プチ鹿島

活字と映像の隙間から考察する

撮影：タイコウクニヨシ　司会・構成：堀江ガンツ

第8回

## 〝ガチ〟という言葉の意味

**「ボクらが何十年も観続けてもまだ理解し切れないプロレスというジャンルを、全部わかったような調子で語る人の感覚のずさんさ」（斎藤）**

――今回は禁断のテーマというわけではないですが、あえて「ガチンコ」というお題でトークしていこうかと思うんですよ。いま、あまりにも「ガチ」みたいな言葉が安易に使われているじゃないですか。

**斎藤**　子どもも学生も、「ガチで」っていう言葉を日常で凄く使うんですよね。

**鹿島**　普通の言葉になりましたよね。日常会話の中で頻繁に出てくるような。

**斎藤**　その「ガチで」っていうのは「マジで」に代用できるわけでしょ。でも語源は「ガチンコ」というお相撲の世界の俗語ですからね。力道山によってお相撲の文化がいろいろとプロレスの世界に持ち込まれ、そういったスラングの類も同時に入ってきたということですね。

**鹿島**　もっと言うと、世間では「プロレス」っていう言葉も、ボクらからすると間違った使われ方をされることが多いじゃないですか。

**斎藤**　そうなんです。「なんだ、どうせプロレスじゃん」みたいなことを言う人がいるけど、そうやって「プロレス」を「ヤラセ」という意味で使っている人は、間違いなくプロレスをまともに観たことがない。これは単なる偏見であり差別です。

――ヘタしたら「ガチ」の対義語とか「予定調和」の代替語みたいに使われたりしますよね。

**鹿島**　そう。だから先月の『KAMINOGE』のコラムでも書いたんですけど、アメリカ大統領選挙でトランプとバイデンの討論会があったじゃないですか。お互いに割って入った

りしてひどかったですよね。その言い合いのレベルの低さについて、ボクが聴いたラジオ番組で、ある政治学の大学教授が「あれは本当にプロレスみたいなものですね」って言ってて。

**斎藤** ツイッターで見かけましたね。

**鹿島** 「WWなんとか」とかって、WWEのことを揶揄したりして、その人は以前から同じ例えをしているらしいんですよ。「こういうことを言うとプロレスファンに怒られるんだけどね」って言いながら。

——「怒られる」とわかっていて、また同じことを言うっていうのがタチ悪いですね。それくらい、プロレスなんていくら貶めてもいいっていう。

**鹿島** ボクは以前、フミさんに違うラジオ番組で「むしろトランプはWWEから何かを学んだんじゃないか」というお話をしてもらいましたけど、これは似ているようで全然違う話ですからね。その教授は、あの討論会のレベルの低いセレモニー的な例えとして「プロレスだ」って言ってるんですよ。プロレスを知らないのに、知らないことを隠そうともせず。

**斎藤** でも、そういうコメントで「プロレス」という単語を使っていることで、むしろその人の知識というか知性の底が知れてしまいますね。

**鹿島** ちゃんとした番組で、その教授もアメリカの外交とかには詳しいんですけど、そのレベルの低さの例えでよりによって自分が詳しくないジャンル、プロレスという言葉で語ってるんですよね。「トランプがいろいろ言うのは最初からお約束で、バイデンもそれを受けてお約束で返している」みたいな、その例えを「WWなんとか」って言ってて。

**斎藤** それはもう何重にも間違っているじゃないですか。だってテレビ討論会はヤラセではない、トランプは本当にそういう人だし。プロレスに対する偏見以前の誤った認識ですよ。

**鹿島** ボクはいつも声を大にして言うんですけど、「茶番」とか「手を抜いている」っていう意味でプロレスって言葉を使う人がいますけど、プロレスは全然手を抜いてねえじゃんっていう。むしろWWEなんてエリート中のエリートしか上がれない、技術が洗練された人たちじゃないですか。もちろんトランプはWWEに登場したことがあって、あそこで何かを学んだはずですけど。「プロレスのマイクパフォーマンスの見様見真似を政治に持ち込むのは問題だね」っていう切り口ならまだいいですけど、そうじゃなくプロレス自体に例えていることに、ちょっと呆れましたね。

**斎藤** プロレスという言葉を「低俗なもの」の例えとして使う人は、その人自身の論理レベルが非常に低いですよ。プロレスは好き嫌いがあるジャンルであることはたしかだし、興味がない人にはまったく興味を抱けないものであることもわかります。だからといって、ボクらが何十年も観続けてもまだ理解し切れないプロレスというジャンルを、全部わかったような調子で語る人の感覚のずさんさを感じざるをえません。

**鹿島** どんなに社会的にいい解説をしていても、自分の興味のないジャンルに対しては、平気で無知と偏見を垂れ流してしまう。これはもう人ごとじゃないと思いましたね。

――だからこそ、いちいち「違うよ」と言っていく必要があるわけですよね。

**鹿島**　そう思います。また逆に言えば、あいかわらずそういう例えに出てきてしまうほど、「プロレス」とか「ガチ」という言葉が一般に浸透しているということでもあるのかなと。

**「凄く軽々しく使われていますけど、本来『ガチ』とか『シュート』みたいな言葉こそ気をつけて使わなきゃいけない」（鹿島）**

**斎藤**　「ガチ」という言葉が、いまや隠語ではなく一般語になったことはたしかですよね。「ガチンコ」の語源を知らないまま広まってしまった。

**鹿島**　プロレスの世界では「ガチ」とともに「セメント」って言葉が一時期せめぎ合っていた気がしますけど、ガチが残りましたね（笑）。

**斎藤**　「ガチンコ」は相撲界にちゃんと存在する言葉ですけど、「セメント」という言葉がどこから来たのかは、ちょっと不確かなんです。アメリカのレスラーが場外乱闘をするときに「セメント（のフロア）に叩きつける」という表現を用いたりするのですが。

**鹿島**　あっ、そうなんですか。

**斎藤**　日本におけるプロレスの隠語は、だいたい相撲かアメリカマット界からもたらされたものですけど、アメリカ人レスラーが「セメント」と言っているのをボクはあまり聞いたことがない。日本のプロレス界において、「シュート」と同義語で使われてきたことはわかるんですけどね。

――昔の新日本の選手たちは、道場でのいわゆる〝極めっこ〟のことを「セメントの練習」って言ったりしますよね。

**斎藤**　だから、ある世代でそういう使い方をしていたっていうことかもしれない。

**鹿島**　「シュート」という言葉は、昔から使われていたんですか？

**斎藤**　「シュート」そして「ワーク」という言葉は、アメリカで昔から使われていた言葉です。「狙撃する」っていう意味でのシュートですから。

――物騒な言い方をすると「殺しにいく」ですよね。

**斎藤**　だから（カール・）ゴッチ先生は「シュート」という言葉が嫌いだったんですよ。「そんな卑しい言葉は使うな！」って感じで。特にレスラー以外の人がそういったスラングを使ったりすると、凄く嫌悪感を露わにしていました。

**鹿島**　それこそ「わかったような口を利くな」ってことでもあったんでしょうね。

**斎藤**　ゴッチ先生の前ではそういった下品な言葉を使っちゃいけないんです。だから佐山（サトル）さんが最初に「シューティング」って言葉を使ったときも、「何がシューティングだ。狙撃でもするのか？」ってあまりよくは思わなかったんです。単語そのものの響きとしてね。

――「おまえ、それ〝射精〟って意味だぞ」って言ったという話もありますよね（笑）。

**鹿島**　だから本来、「ガチ」とか「シュート」みたいな言葉こそ、気をつけて使わなきゃいけないんですよね。凄く軽々しく使われていますけど。

**斎藤**　言葉の理解の仕方という意味では、「ガチ」そのものがあまり正しく理解されていないという部分もあると思いますね。

――あと、プロレスの「シュート」と総合格闘技をごっちゃにしてる人も凄く多いと思うんですよ。競技としての格闘技とシュートって、また全然違うものなのに。

**斎藤**　総合格闘技は1秒でも早く相手に勝てばいいものだけど、シュートはあくまでプロレスの中で起こることですからね。でも、シュートと総合がごっちゃになっている人というのは、特にプロレスを見始めたとき、すでにMMAが存在した比較的若い世代に多いと思うんですよ。たとえばYouTubeに上がっている力道山vs木村政彦の試合映像に興味を持っているアメリカ人って、いまめちゃくちゃ多いんですけど、彼らはみんな「プロレスラー対総合格闘家によるMMAの試合」っていう理解であの試合を捉えているんですよ。

――なるほど。アメリカではアームロックが「キムラ」と呼ばれるほどメジャーな存在だから、〝MMAの始祖〟である木村政彦が、プロレスラーに負けた試合」として捉えられてると（笑）。

**斎藤**　でも、あれはプロレスラー対プロレスラーによるプロレスの試合ですからね。

――日本でも『木村政彦はなぜ力道山を殺さなかったのか』という本の印象もあって、木村政彦は「プロレスラー力道山の卑怯な騙し討ちに遭った偉大な柔道家」というイメージですけど、れっきとしたプロレスラーですもんね。

**斎藤**　力道山よりもキャリアでは1年先輩のプロレスラーですよ。

**鹿島**　だから力道山vs木村政彦っていうのは、相撲出身のプロレスラーと柔道出身のプロレスラーによる、プロレスの試合で起きた出来事なわけですよね。

**斎藤**　そうです。いま、アメリカ人が力道山vs木村政彦の映像を勝手に編集してナレーションをつけたドキュメンタリーみたいなものがYouTubeとかに何種類かあがっているんですけど、MMAとして語っているからちょっとおかしいんですよね。プロレスの試合だから力道山と木村政彦はロックアップするわけですけど、それを「いまクリンチしています」とか、ヘッドロックのときに「首を絞めている」とか。

――プロレスの試合をMMAとして実況すると、そうなってしまう（笑）。

**鹿島**　しかも古い映像だから、いくらでも解釈できてしまうってことですね。

**斎藤**　それで力道山が暴漢に刺されて死んだことも、おそらくネットの知識として知っているんでしょうけど、「力道山が刺されたあと、最初に容疑者として浮かび上がったのは木村政彦だった」とか言ってるんです。

**鹿島**　「木村政彦はなぜ力道山を殺さなかったのか」ならぬ「じつは殺したんじゃないか」説（笑）。

**斎藤**　そんな説は一度も出たことないのに、そんなナレーションがかぶせられてるんですよ（笑）。

**「厳密に言うと、力道山vs木村政彦はシュートですらないという可能性も考えられる。そう簡単にすべてを理解することはできない」（斎藤）**

**鹿島**　話としてはおもしろいですけどね。「積年の恨みからの犯行」として容疑者として浮上って（笑）。でもアメリカにはそれを信じている人も少なからずいるってことですもんね。

**斎藤**　こういうまったくありえない話が、さも真実のようにひとり歩きすることもいまの時代はあるということですよ。また力道山vs木村政彦の映像はフルレングスで残っていないということも、研究を困難にしている。

**鹿島**　ボクも何パターンか映像を観ましたけど、どれもダイジェストなんですよね。

**斎藤**　序盤戦はふたりともクリーンファイトを意識してか、お互いに笑みをたたえるようなシーンがあったり、なんか変な感じはあるんですよね。ボクの中でいちばんの違和感は、最後、力道山に張り手を食らった木村政彦はうつ伏せに倒れてノックアウトされるじゃないですか？　それは画的には惨敗に見えるけど、「俺はもうこのまま起きないで寝ておくわ」っていう感じにも見えるんです。

――力道山に異変を感じた木村政彦が、立とうと思えば立てたけれど、〝寝た〟んじゃないかと。

**斎藤**　だから厳密に言うと、シュートですらないという可能性も考えられる。実際、力道山が木村の顔面を蹴り上げ、張り手を入れてボコボコにしたと言えばたしかにそうだし、よく言われる「本当は引き分けにするはずだったところを力道山が途中で裏切った」というのは、きっとその通りなんだろうけど、にもかかわらず、両者は試合後いちおう握手はしている。だからフィクションもノンフィクションも含めて、試合後に生まれた話というのはいろいろあると思います。

――残された映像や、限られた証言だけでは、まだわからないことが多いわけですよね。

**斎藤**　この試合にかぎった話ではないですけど、「プロレス」っていうのは、そう簡単にすべてを理解することはできないんですよ。力道山vs木村政彦にしても、66年というとてつもなく長い時間が経過した現在でもまだまだ新しい仮説を立てることができる。

――そもそも、なぜ力道山が仕掛けたのかといえば、やはり日本プロレス界のトップになるためには、木村政彦の存在が邪魔だったってことですよね？

**斎藤**　あの試合が行われた1954年（昭和29年）って、力道山による〝天下統一〟が始まった年なんですね。その年の2月に力道山＆木村vsシャープ兄弟が行われて、12月にはもう力道山vs木村が実現しているんです。そして日本のプロレス界っていうのは、最初から力道山の日本プロレスが独占していたわけではなく、山口利夫の（旧）全日本プロレス、そして木村政彦が熊本で立ち上げた（旧）国際プロレス団などができて、当時すでに多団体時代だったんです。

**鹿島**　群雄割拠で「誰が天下を取るのか？」という状況に実際あったと。

――だから力道山vs木村政彦は、団体のエース同士の対戦でもあったわけですね。

**斎藤**　そして一般的な格で言えば、柔道の神様である木村政彦のほうが、元関脇で相撲を廃業してややブランクがあった力道山よりグレードが高かったかもしれない。しかしながら力道山のまわりには、〝プロレス文化を日本に導入した人たち〟がいたんです。つまり、力道山個人が凄いイマジネーションで、プロレスという新しいスポーツエンターテインメントをたったひとりでアメリカから輸入したわけじゃなくて、それ以前からアメリカ側からのプロレスの輸入計画は始まっていたんです。

**鹿島**　個人で立ち上げたベンチャー企業じゃないってことですね。バックにもっと大きな存在がいるという。

**斎藤**　それこそ力道山がまだ相撲界にいた頃から、表社会も裏社会も含めてアメリカのエンターテインメント産業を日本に持ち込むために動いていた人脈ネットワークがあって、三菱電機という大スポンサーがいて、テレビという新しいメディアがあって初めて成り立つものだった。だから力道山は、そのプロレスという日本における新しいスポーツエンターテインメントを担う人に〝選ばれた人〟であり、木村政彦はそのチョイスじゃなかった、とも言えるんです。

――だからこそ、日本プロレスの幕開けである力道山＆木村政彦vsシャープ兄弟は、最初から力道山が格上という暗黙の番付だったわけですか。

**斎藤**　そして、そのシャープ兄弟との試合で、木村政彦が「格下扱いで、負け役をやらされた」というのは、のちの力道山vs木村へのアングルになっていくんですね。

**鹿島**　それはリアルな状況も含めたアングルということですよね？　おもしろいなあ。

**斎藤**　力道山との試合が行われた29年後の1983年（昭和58年）に、木村政彦は創刊したばかりの『ビッグレスラー』と『Number』のインタビューを立て続けに受けて、「力道山戦の真実」みたいな記事が掲載されましたね。

――「ルールを破った力道山を殺そうと思った」という、のちの『木村政彦はなぜ力道山を殺さなかったのか』の元となるような記事ですよね。

**斎藤**　このインタビューは、記事としては『Number』のほうが有名なんですけど、発売日でいうと『ビッグレスラー』のほうが2カ月早いんです。そこで木村政彦は「プロレスというのは、勝ち負けに関してはプロモーターの言う通りにしなきゃいけないんです」っていうコメントを当時の活字メディアでは初めて出している。続いて、スポーツ雑誌としてはもっともグレードが高いとされる文藝春秋の『Number』ではもう少し踏み込んでしゃべっていて、「力道山戦は最初は引き分けにするつもりだった」「その後、リターンマッチで全国を回る予定だった」そして「勝ち負けに関しては『その都度ジャンケンポンで決めよう』と言った」というようなことが書いてあるんですよ。

**「木村政彦は柔道家として本当に凄い人。だけどプロレスにはとんでもない野心家が近くにいるんだから気をつけなきゃいけなかった」（鹿島）**

**鹿島**　当時としてはかなり暴露的な内容だったわけですね。

**斎藤**　でもね、プロレスにおける勝ち負けの部分がプロデュースされているものであったとしても、「ジャンケンポンで決めてもいい」という程度の理解なんですよ、木村政彦という人は。ボクらがこの連載で何度も論じてきたように、勝ち負けがプロデュースされるのであれば、勝っても負けてもいいわけではなく、むしろ勝たなきゃいけないんです。

**鹿島**　逆説的に、プロレスは勝ち負けに凄く重要な意味があるという。

――実際、力道山vs木村政彦は、シュート云々は別として、勝つのと負けるのとではえらい違いがあったわけですもんね。それはのちの武藤敬司vs髙田延彦と同様に。

**斎藤**　武藤vs髙田の場合は、負けたUWFインターナショナルはその翌年に崩壊してしまいましたからね。それぐらい大きな影響と結果が出ることなんです。

**鹿島**　それをジャンケンポンで決めていいものだと信じている木村さんは、まさか仕掛けられるとは思っておらず、呆然とするしかなかったというのにつながりますよね。厳しいことを言うと。

**斎藤**　だから心はまだ柔道家というか、プロレスラーでありながら、プロレスというものの本質を本当の意味で理解できていなかったのかもしれない。

**鹿島**　当時の状況を考えれば、「力道山がいつ仕掛けてくるか」くらいの用心深さは必要だったのでは、とも思いますよね。

**斎藤**　柔道の試合で〝八百長〟をするんだったら「勝ち負けはジャンケンポンでいいよね?」ってなるのかもしれない。でもプロレスはそういう〝八百長〟ではないんです。

——仮に勝ち負けが演出されたものであっても、それは〝八百長〟とは別物ですもんね。

**斎藤**　そうです。勝ち負けがプロデュースされるものであるとしても、力道山から見れば絶対に勝たなきゃいけなかったんです。

**鹿島**　そのプロレスにおける勝ち負けの意識の差が、とんでもなく対照的ですよね。

**斎藤**　そこが一生の明暗を分けちゃった気がします。

**鹿島**　木村政彦は柔道の神様であり、プロレスはあくまで金を稼ぐ手段。あえてプロレス界に名を残す必要もなかったわけですよね。

**斎藤**　でも力道山はそのあともずっとプロレスで生きていく人。だから絶対に負けられなかった。

**鹿島**　あえて言えば、木村政彦はその間隙を突かれたっていうのはありますよね。ちょっと呑気すぎたのかなっていう。

——力道山はプロレス界統一のために、木村政彦を本気で〝消そう〟としていたわけですもんね。

**鹿島**　だからあえて言えば、「木村政彦はなぜ力道山に殺されずに済んだか」ってことですよ（笑）。

——それぐらい物騒な時代ですもんね（笑）。昭和29年といえば、戦後10年も経っていない。

**鹿島**　そういう時代においては、ちょっと呑気すぎたんじゃないかとも言える。先日の自民党総裁選における岸田（文雄）さんじゃないですけど。「安倍（晋三）さんが総裁の座を禅譲」って、そんなわけないだろって岸田さん以外みんな思っていたのと同じで。

**斎藤**　本人だけそれを信じて総裁選に出ちゃって。

**鹿島**　そうです。それで最後までアベノマスクを着けていたじゃないですか。結局、そこを菅（義偉）さんにかっさらわれるっていう。おめでたすぎるんですよね。

**斎藤**　岸田さんの場合、自己評価と他者の評価の乖離を理解できなかったんでしょう。

**鹿島**　で、ここは強調しておきたいんですけど、木村政彦は凄い人なんですよ。柔道家としては。だけどプロレスのリングに上がるのであれば、とんでもない野心家が近くにいるんだから気をつけなきゃいけなかった。

**斎藤**　ボクは力道山vs木村政彦の対立の構

図自体が、プロデュースされたものだと思うんですね。というのは、あの試合が決まる前、「力道山のプロレスはショー」「シャープ兄弟とのタッグマッチでは負け役を演じさせられた」「真剣勝負でやったら私は負けません」っていう木村政彦のコメントが、朝日新聞の大阪版に載るわけじゃないですか。それはそういうコメントを引き出そうとした人がいたわけで。しかも、その記事が掲載されてすぐに力道山vs木村の発表記者会見が行われているから怪しすぎるんですよ。

——その発言自体、来るべき力道山vs木村政彦を煽るための〝トラッシュトーク〟だったんじゃないかと。

**斎藤**　何から何まで手際がよすぎるんです。そう考えると、やっぱりアングルなんですよ。だから力道山と木村の対立というのは最初からお膳立てされていて、それを木村政彦はすべてマスコミによる演出と思っていたけれども、そうではなかった。そこも含めて木村政彦という人は、プロレスの渦に巻き込まれて撃沈した人なんだと思います。

**「森羅万象ではないですけど、わからないことだらけのまま前へ進んでいかなければならないものなんでしょう」（斎藤）**

**鹿島**　なるほど！　プロレスの恐ろしさが理解できず、無防備すぎたんですよね。

**斎藤**　力道山との試合のあと、木村政彦はすぐにプロレス界から姿を消したわけではなくて、熊本に帰って自身の団体、国際プロレス団で興行を続けたんですよ。でも当時のテレビ創成期に東京でやるイベントの規模と、熊本でのイベントの規模とでは雲泥の差があって、木村政彦が自分がプロモーター、プロデューサーとして団体を作ってもそれは勝ち目がなかった。また、国際プロレス団で呼んだ外国人レスラーに「ネブラスカの野牛」って呼ばれたインチキレスラー、ゴージャス・マックという人がいたんですけど、そいつが日本で宝石強盗を働いたりしちゃって。

**鹿島**　あー、ありましたね。『東京アンダーグラウンド』という小説にも出てきました。

**斎藤**　だから、いっぱい食わせ者をつかまされてしまう人なんですよ、きっと。

——お人好しというか、気がいい人なんでしょうね（笑）。

**斎藤**　ゴージャス・マックはアメリカでは「アイツ、プロレスなんかやってねえだろ」って言われるような即席レスラーで。それをわざわざ日本に呼んで、宝石強盗までやられてるわけですから。まさに戦後の復興期らしいエピソードではありますが。

**鹿島**　木村さん自身、興行に向かない人なんでしょうね（笑）。

**斎藤**　プロレスでお金を稼いでも、どこまでいっても「プロ」ではなく「アマ」の人なんでしょう。そもそもプロ柔道を失敗してハワイに行って、現地で柔道を教えるはずだったのに、気がついたらプロレスのリングに立っていたという人ですから。運命に翻弄されてしまうタイプだったんだと思うんです。

——それでプロレスのあとは、ブラジルでバーリ・トゥードまでやっているわけですもんね。

**斎藤**　バーリ・トゥードもやったし、その前にはエリオ・グレイシーとも闘って勝ってるんだから凄い人ですよ。そして、いまではMMAの世界で、ダブルリストロックが「キムラ」

という名前で呼ばれるほど、格闘技の世界では再評価されている。でもプロレスラーとしての命運は、力道山戦で事実上尽きてしまった。

——だから木村政彦は最強の柔道家で、バーリ・トゥードの先駆けとなった偉大な選手ですけど、ボクはリアルファイターであるがゆえに「ガチンコ」と「八百長」というハッキリとした白と黒しかわからず、「プロレスにおけるシュート」なんていう、どちらでもない世界が理解できなかったんじゃないかと思うんですよ。

**鹿島**　あ〜、グレーゾーンがわからないからこそ、「ガチ」じゃない試合で無防備だった。そう考えるとわかりやすい！

——プロレスラーであれば、そのグレーゾーンの怖さを理解しているじゃないですか。たとえばジャイアント馬場vsアントニオ猪木が実現しなかった大きな理由のひとつとして、「猪木が裏切るかもしれない」という疑念が最後まで晴れなかったから、と言われてますよね。

**斎藤**　馬場さんは、同じリングに上がったが最後、「猪木は何をしてくるかわからない」と思っていたでしょうね。

**鹿島**　おもしろいのは、猪木さんはのちに前田（日明）さんとの一騎打ちを「時期尚早」だと拒否するんですよね。かつての逆の立場で（笑）。

——「前田が何かやってくるに違いない」という疑念が晴れなかったんでしょうね（笑）。

**斎藤**　でも、それがプロレスなんです。そういうこともありうる世界。

**鹿島**　馬場さんも猪木さんも、プロレスにおける勝ち負けがいかに大事かがわかっていて、その上で「リングに上がれば何が起こるかわからない」という警戒心も当然持っているわけですもんね。

**斎藤**　そういう意味で、木村政彦という人は本質的にプロレスラーではなかったんだろうなと思いますね。「ガチ」か「ガチじゃないもの」でしかない。だから、ガチじゃないプロレスの勝敗はジャンケンポンでもいいやという感覚。でも力道山はプロレスラーである以前に相撲取りだったので、「ガチ」も「ガチじゃないもの」も「その中間にあるもの」も最初から知り尽くしていたと思うんですよ。幕内まで行った人なので。

**鹿島**　なるほど！　プロレス以前に相撲がそういう世界でもあったという。

**斎藤**　つまり「ガチンコ」という言葉があるっていうことは、そうじゃないものもあるということだし。「八百長」という言葉があるのもまた、そうじゃないものがあるってことですからね。

**鹿島**　それはプロレスや相撲にかぎらず、政治の世界でも何でもみんなそうじゃないですか。いまは「白か黒か」「1か10か」でしか考えられない人が多いですけど、そんな簡単なものの わけがない。

**斎藤**　だからプロレスも同じです。「ガチ」か「八百長」か、なんてそんな単純な物差しだけで理解できるものじゃないんです。森羅万象ではないですけど、わからないことだらけのまま前へ進んでいかなければならないものなんでしょう。だからこそ、ボクらはずっとプロレスを考え続けているわけですしね。

斎藤文彦
1962年1月1日生まれ、東京都杉並区出身。プロレスライター、コラムニスト、大学講師。
アメリカミネソタ州オーガズバーグ大学教養学部卒、早稲田大学大学院スポーツ科学学術院スポーツ科学研究科修士課程修了、筑波大学大学院人間総合科学研究科体育科学専攻博士後期課程満期。プロレスラーの海外武者修行に憧れ17歳で渡米して1981年より取材活動をスタート。『週刊プロレス』では創刊時から執筆。近著に『プロレス入門』『プロレス入門II』(いずれもビジネス社)、『フミ・サイトーのアメリカン・プロレス講座』(電波社)、『昭和プロレス正史 上下巻』(イースト・プレス)などがある。

プチ鹿島
1970年5月23日生まれ、長野県千曲市出身。お笑い芸人、コラムニスト。
大阪芸術大学卒業後、芸人活動を開始。時事ネタと見立てを得意とする芸風で、新聞、雑誌などを多数寄稿する。TBSラジオ『東京ポッド許可局』『荒川強啓 デイ・キャッチ！』出演、テレビ朝日系『サンデーステーション』にレギュラー出演中。著書に『うそ社説』『うそ社説2』(いずれもボイジャー)、『教養としてのプロレス』(双葉文庫)、『芸人式新聞の読み方』(幻冬舎)、『プロレスを見れば世の中がわかる』(宝島社)などがある。本誌でも人気コラム『俺の人生にも、一度くらい幸せなコラムがあってもいい。』を連載中。

# KAMINOGE SUPER WAKAMATSU SPORTS

[検証] SWS旗揚げ30周年!
設立時の重要人物にあらゆる真相を迫る!!

収録日:2020年10月22日写真:平工幸雄撮影&聞き手:堀江ガンツ

# 将軍KYワカマツ

【若松市政】

「田中社長は金銭的な面よりも気持ちの問題であれ以上は続けたくなかったんだと思います。選手にがんばってもらうためにたくさんお金を出したのに、足の引っ張り合いになって理想としているところに進んで行ってくれなかったですからね」

**かつて、この日本に存在したプロレス団体SWS（スーパー・ワールド・スポーツ）。オーナーのメガネスーパーが豊富な資金を元に、全日本プロレスや新日本プロレスから多くの選手やスタッフを引き抜いて作られた。特に全日本のトップレスラーだった天龍源一郎の移籍は当時のプロレス界に激震を引き起こした。1990年5月に発足した同団体は、プロレス界初の「部屋別制度」を導入したり、WWF（現WWE）との提携などで多くの話題を振りまいたが、団体内での主導権争いが生じて、1992年6月、わずか2年で活動停止する。このSWS旗揚げに際し、選手の獲得などに動いたとされるのが、将軍KYワカマツこと若松市政。彼はなぜ〝業界の黒船〟と呼ばれたこの団体と接点を持ち、協力することになったのか？　旗揚げから30年が経ったいま、数々の疑問に対する答えを得ることに成功した。**

## 田中八郎さんの『何がなんでもプロレス団体を作りたいんだ』っていう話から始まりました

**ワカマツ**　わざわざ遠くから、北海道の芦別までご苦労様です！

――いえいえ、ちょうど北海道に来ていたので。急にお電話したのに快く取材を受けていただき、ありがとうございます！

**ワカマツ**　根室には行ってきたのかい？

――はい。先日行ってきて、サムソン宮本さんの霊前でお線香をあげさせてもらってきました。

**ワカマツ**　ああいう素晴らしい人ほど早くに亡くなってしまうのはどういうことなのかねえ。残念ですよ。

――ワカマツさんも同じ北海道民として、新根室プロレスには何度かゲスト参戦されてましたよね。

**ワカマツ**　あなたが繋いでくれたんじゃないの。

――あっ、そうでした（笑）。前回、芦別までうかがった際にサムソン宮本さんに電話で紹介して。

**ワカマツ**　あのあと、新根室プロレスの大会に私が出たり、逆に芦別でやった、どさんこプロレスの興行に宮本さんと（アンドレザ・ジャイアント）パンダに出てもらったりね。宮本さんはパンダを連れて私の（芦別市議会議員）選挙の応援にも来てくれましたから。

――へえ、アンドレザ・ジャイアントパンダが選挙応援とは心強いですね。絶対に人だかりはできるし（笑）。

**ワカマツ**　そうですよ。道の駅でやっていただいて。

――ちゃんとお世話になった人へお返しをしていたんですね。

**ワカマツ**　そういう方だからこそみんなに慕われたんじゃないですか。根室で試合があって行ったときは、全国からファンが来られてたんですよね。いやー、凄いなと思ってね。「広島から来たんだよ」っていう人もいましたよ。

――根室って、北海道の中でも比較的行くのが大変なところですもんね。

**ワカマツ**　釧路まで出て、そこからさらにクルマで2～3時間かかりますから。だから私も芦別から根室まで行くときは前日に入ったんですよ。当日出発して、もし間に合わなかったら大変なんでね。それでも途中でご飯を食べたりなんかしてたら7～8時間かかるんですよ。こっちを朝10時くらいに出て、向こうに着いたのは夕方ですから。

――70代後半でそのロングドライブは、さすが元・国際プロレスのトラック運転手ですね（笑）。

**ワカマツ**　でも宮本さんはあんな大病（平滑筋肉腫）をしながらよくがんばれたよね。私も亡くなったという連絡があったとき、お葬式にも行きたかったんだけど、ちょうど江差（町）に用事があっていたもんだから行かれなかったんですよ。

――江差って函館のほうだから、同じ北海道でも端と端ですもんね。弟のオッサンタイガーに話を聞いたら、近い将来、追悼興行をやりたいみたいです。

**ワカマツ**　あっ、そうなんですか？　そのときは私もメガホンを持ってかけつけますよ！

――楽しみにしています（笑）。それで今回、芦別までうかがったのは、１９９０年10月18日にＳＷＳが旗揚げして丸30年なんですよ。それでワカマツさんにお話をうかがおうと。

**ワカマツ**　まあ、30年なんてのはあっという間ですよね。旗揚げ戦は横浜アリーナでしたね。

――横浜アリーナ2連戦でした。そしてワカマツさんは事実上ＳＷＳ設立者のひとりと言ってもいいわけですよね？

**ワカマツ**　まあ、そういうことになるんですかね。

――団体が立ち上がるきっかけが、ワカマツさんとメガネスーパーの田中八郎社長（当時）の出会いだったという。

**ワカマツ**　ＳＷＳの立ち上げは、亡くなった田中八郎さんの「何がなんでもプロレス団体を作りたいんだ」っていう話から始まりましたからね。

**田中さんが『武藤選手がいい』って言った時点で、彼はＷＣＷのトップレスラーになっていたんです**

――もともとワカマツさんと田中社長が出会うきっかけは、なんだったんですか？

**ワカマツ**　ある金融関係の大手企業に勤めていた人が、ＳＷＳの前から田中八郎さんとビジネスで懇意にしていたんだけど、その人と私も（元・国際プロレスの）吉原（功）社長とのつながりがあったもんで、新日本プロレスに参戦していた頃から付き合いがあったんですよ。で、その方が私を田中社長に紹介してくれたんです。

——では、SWSの数年前からの知人だったんですね。

**ワカマツ**　当初はそんな深い付き合いでもなかったんですけど、私のほうは新日本で何年かやったあと、一時期休息していたことがあったんです。

——マシン軍団、アンドレ・ザ・ジャイアント、ケンドー・ナガサキ&ミスター・ポーゴのマネージャーを歴任したあと、1987年に契約満了で新日本を離れたんですよね。

**ワカマツ**　それでいったん芦別に帰って来ていたんですよ。そうしたら田中社長と親しくしている金融関係の人から「今度、UWFの試合が横浜アリーナであるから、田中さんが『若松さんも来ないか?』って言ってるよ」っていう連絡が来ましてね。

——メガネスーパーはUWFの冠スポンサーでしたもんね。

**ワカマツ**　そうなんです。なので「あっ、そうですか。それじゃ行きましょうかね」っていうことでUWFの試合を観戦して。その後、田中社長と一緒に食事をした際、「団体を作りたい」っていう話をし始めたんですよ。

——そのときはどんな団体を作りたいっていう話だったんですか?

**ワカマツ**　まったく白紙の状態で、田中さんから「こういう団体を作る」っていう話はなかったんです。もちろんプロレスに関しても、格闘技に関しても素人ですから。

——スポンサーではあっても門外漢ですよね。

**ワカマツ**　だから、その時点では「私に何か力になれることがあれば言ってください」という話で終わったんです。そうしたらUWFの試合を観戦してから1カ月くらいが経ちましたかね。北海道に帰っていたら、また呼ばれたんですよ。そのときに「これから作る団体の頭を武藤(敬司)選手にしたい」と言われたんです。

——SWSの当初の武藤敬司エース計画は、田中社長のアイデアだったんですね。

**ワカマツ**　私は言われたことに対して動くだけだから。田中さんがお金も出すけど、口も出す人だなって最初からわかっていたから。だから私は団体を作るにあたって「この人はダメだ、この人はいい」っていう話をしたことがないんです。

——選手獲得や団体の方向性については、アドバイスすらしなかったと。

**ワカマツ**　そうです。田中さんが「武藤選手がいい」って言うから「わかりました。私が動いてみます」というだけでね。

——武藤さんのことは、新日本時代から知っているわけですしね。

**ワカマツ**　はい。自分がマシン軍団をやっていたときはまだ新弟子でしたけどね。ただ、田中さんが「武藤選手がいい」って言った時点で、彼はもうWCWのトップレスラーになっていたんですよ。だから、そこから新しい団体に引っ張ってくるのは簡単なことじゃないなと。

――WWF（現WWE）に次ぐ世界で二番目の規模の団体ですからね。

**ワカマツ**　それで私が田中さんに言われて、マイアミまでヘリコプターの免許を取りに行ったときにちょうど彼も3日間くらいマイアミにいたんですよ。そのとき少しお話をさせてもらいましてね。ただ、突っ込んだビジネスの話はしていないですから、これは少し様子を見なきゃいかんなと。

――WCWとの契約が切れるまでは、どうにもできないわけですよね。

**ワカマツ**　そういう状況の中で、しばらくしたら武藤選手が凱旋帰国するっていう話を聞いたんですよね。凱旋帰国するんであれば、WCWとの契約は問題ないわけだから。「この機会を逃したらダメですよ」と田中社長に進言したら「会いたい」っていうことになって。「それじゃあ連絡を取りますよ」って連絡をしたんですよ。


**天龍と会ったら『いいよ』という話になっちゃった。当時のプロ野球のトップ選手と同等のものを用意しましたからね**

――武藤さんは、たしか1990年の2月か3月に帰国しましたけど、そのタイミングで田中社長との会談をセッティングしたと。
**ワカマツ**　そうです。それで私も武藤選手と一緒に小田原にある田中社長の豪邸に行きましたよ。それで話をして、その時点で武藤選手本人は「わかりました」という話になったんですよ。
――一時はSWS入りを了承したんですね。
**ワカマツ**　そうなんです。ただ、新日本との契約とかいろいろあるだろうから「整理してからまた会いましょう」となったんです。だけど田中さんは会った時点で武藤選手が来るものだと思っちゃったわけ。
――正式な契約こそ結んでいないけど、本人から内諾を得ていたわけですもんね。
**ワカマツ**　だけど自分は「50：50だろうな」と思っていたんです。あれだけの選手ですから新日本だって全力で引き止めるだろうなと。
――そうですよね。あの時点で、間違いなく近い将来のエース候補だし、すでに闘魂三銃士の蝶野（正洋）さん、橋本（真也）さんの売り出しも始まってましたしね。
**ワカマツ**　それで武藤選手が新日本と話をするって言うから、「終わったら連絡をちょうだい」ということで別れたんですけど。その後、また連絡が来て武藤選手とふたりで会ったとき、

「この話はなかったことにしてくれませんか」って言ってきたわけです。

——以前、武藤さんにインタビューしたとき、「坂口さんに引き止められてSWS入りを断ったら、ワカマツさんにすげえ怒られたよ」って言ってました（笑）。

**ワカマツ**　いやいや、怒ったわけじゃないんですよ（笑）。ただ、田中さんの心中を察したときに、私にも中に入って取り持っている責任があるでしょ。

——そうですね。

**ワカマツ**　それをないものにしたんで。「子どものお使いじゃないんだから、そこはケジメをつけてくれないか」ってことで、また一緒に小田原の豪邸に行って、そこで謝らせてもらったんです。そのとき、田中さんはアッサリしたもんで「いいですよ」と。ただ、団体は諦めたわけじゃないから田中さんは自分のメンツもあったんじゃないですか。もっと大物を獲得しようってことで、今度は「ワカマツさん、天龍さんはどうですか？」ってなったんですよ。

——そこで初めて天龍源一郎さんの名前が出てくるんですね。

**ワカマツ**　それで「わかりました」と言ったんだけど、私は天龍さんとそんなに面識がなかったんで、桜田（一男＝ケンドー・ナガサキ）さんに連絡を取ったんです。

——桜田さんは天龍さんと相撲の同期ですもんね。

**ワカマツ**　当時、桜田さんはアメリカに住んでいたんだけど、日本に帰ってきて天龍と会ってね。そうしたら「いいよ」という話になっちゃった。

——まさかの超大物獲得成功と。条件的にも最高のものを用意したわけですもんね。

**ワカマツ**　当時のプロ野球のトップ選手と同等のものを用意しましたから。

——武藤さんが獲得できなかったので、ここはもう獲り逃せないっていうことだったんですかね。

**ワカマツ**　ただ、ちょっと急ぎすぎなんじゃないかなって（苦笑）。

——たしかに武藤さんから天龍さんに方針転換して、団体の方向性も固まらないまますぐに設立記者会見、4カ月後にはプレ旗揚げ戦でしたもんね（笑）。

**ワカマツ**　私はもうちょっとじっくりやっていってもいいんじゃないかと思ったんだけど、田中さん本人は急いでるからさ。こっちは「そうですか」って言うほかはないでしょ。そうやっているうちに（エースは）天龍で決まったのさ。その後、新日本をケガで辞めた片山（明）だとかが自分のところに来て、「団体を作るなら入れてくれませんか？」って言うんで、新人も必要だろうってことで「いいよ」って入れて。そこから鶴見五郎さんだとか、佐野（直喜）、ジョージ高野なんかが入ってくるわけさ。

——佐野さんやジョージさんは、ワカマツさんが話をつけたんですか？

**ワカマツ**　いや、向こうから話して来たんですよ。

——あっ、そうなんですか？　メガネスーパーが新団体を作るという噂を聞きつけて。

**ワカマツ**　そうそう。あとになってジョージが「(ドン) 荒川さんも『入れてくれ』って言ってますけど、いいですか？」って言うから、俺も「いいんじゃないの」と。そういう感じで集まってきたんですよ。

**レスラーたちが仁義も何もなくなって足の引っ張り合いになっていたから、田中社長はガッカリしたんじゃないかな**

——なるほど。ワカマツさんが田中社長に言われて獲りにいったのは武藤さんや天龍さんで、ジョージさんたちは違ったんですね。

**ワカマツ**　彼らをトップにというのは無理があるんじゃないかと。「だったら時間をかけてでも将来プロレス界のトップに立つ人間を獲ったらいいんじゃないか」ということで。私が唯一、自分から声をかけたのが高野拳磁（俊二）なんです。

——のちにＰＷＣで、下北沢を中心に宇宙規模の抗争を展開する拳磁さんですか。

**ワカマツ**　彼のことはカルガリーで一緒に仕事をしていたし、よくわかっていたんですよ。おそらく時間をかければトップになるなと。

——身長2メートルの恵まれた身体がありますもんね。

**ワカマツ**　素質もあるしね。それで一度話をしてみたら、彼はちょうど全日本との契約が切れて、まだどことも契約していなかったんです。それで「メガネスーパーが作る新しい団体でやってみないか？」と言ったら「いいですよ。お願いします」って言うから契約したんです。そうやっているうちに、いろいろ集まってきたんですよ。

——仲野信市さんとか高木功さんとか、あのへんは全日本で拳磁さんと仲がよかった人たちですよね。たぶん拳磁さんからＳＷＳの話を聞いて、ついてきちゃった感じですかね（笑）。

**ワカマツ**　そうそう。それで、あれよあれよという間に選手が増えていって「練習生も募集しなきゃいけない」って言うから練習生を募集して。そのときに中牧昭二が来たんですよ。

——桑田真澄の暴露本で、スキャンダル直後に入門テストを受けに来たんですよね（笑）。

**ワカマツ**　だけど無理があるんじゃないかと。

——まあ、拓大のアメフト部出身とはいえ、運動具メーカーのサラリーマンだったわけですからね（笑）。では、田中社長

SWS
登録商標

Revolution

の右腕というか、番頭さん的な存在だったワカマツさんも把握しきれないまま、どんどん選手が増えていった感じなんですね。

**ワカマツ**　それでレスラーっていうのは自営業者だから。団体を成功させるというより、自分がどう生き延びるかのほうが大切なわけですよ。しかも新日本から来た人、全日本から来た人、もうごちゃまぜになってたんで、プロレスに対する考え方も違うし、どうしても衝突してしまう。

――変な話、足の引っ張り合いになってしまいましたよね。

**ワカマツ**　私はこの程度の人間だからさ（笑）。そういうドロドロしたのは無関係だよっていう感じで、我関せずでいたんだけど、田中社長はそういうレスラーのみなさんにガッカリしたんじゃないかな。仁義も何もなくなって、足の引っ張り合いになっていたから。

――田中社長は、2年目の途中から急速にプロレスへの情熱を失っていったと言われていますもんね。

**ワカマツ**　それで「もうこれは長く続けても仕方がないな」という結論に達したんでしょう。ただ、簡単に解雇するわけにはいかないから、まず団体設立の中心になった人間を先に排除すればいいんじゃないかと。そういう手法を取ったんですよ。それで自分が最初に辞めたんです。

――あっ、ワカマツさんが最初にSWSを辞めたんでしたっけ。

**ワカマツ**　辞めたっていうんじゃなく、「辞めてくれ」って依頼されたんだよ。つまりこういうことですよ。最初に私と田中八郎さんをつないでくれた金融関係の人が「もう手を引いてくれ」って言ってきたんです。そうしたら私の立場では「そうですか」って受け入れるしかないでしょ。〝頭〟を先に切ったら、あとはどうにでもなるという。ビジネスに長けている田中さんはそういう手法を取ったんです。

――団体設立に最初から関わったワカマツさんを切るということは、その時点で団体を畳む決心をしていたと。お金をかけるときはかけるけど、撤収するときは早いというか。

**ワカマツ**　そのお金のかけ方も半端じゃなかったから。150億円かけたんだよね。

――途方もない額ですね。道場を作ったり、合宿所を作ったり。

**ワカマツ**　伊豆大島に体育館まで建てたからね。一時はリングだって5台あったんだよ。しかも、すべて新しく作ったものだから、1台600万円で3000万円ですよ。

――選手たちのファイトマネーだけでなく、設備投資にも莫大なお金をかけていたわけですね。

**ワカマツ**　150億を使った人が「もうやめる」と言ったら、「そうですね」って言うよりほかがないでしょ。だけど、当時メガネの収益が年間450億だったから、丸2年で150億使ったとしても、たいして痛手は負ってないんですよ。

## ジャイアント・マシンをやったあと、アンドレから『一緒にWWFに行こう』って言われたんですよ

——150億とはいえ、メガネスーパーにとっては「傷が浅いうちに」だったんですね。

**ワカマツ**　だから金銭的な面より、田中社長自身の気持ちとして、これ以上続けたくなかったんじゃないかと思いますよ。選手にがんばってもらうためにお金もたくさん出したんだけど、足の引っ張り合いになって。「私の理想としているところに進んで行ってくれないんじゃないか……」と。それで団体を畳むことを決めて、まず私を切ったんです。

——なるほど。SWS終焉後、天龍さんのWARと桜田さんのNOWに分かれましたけど、それ以前にワカマツさんは抜けていたんですね。

**ワカマツ**　まだ地方で興行をやっている頃に（解雇を）言われましたから。その1年ぐらい前には「ワカマツをSWSの社長にしたほうがいいんじゃないか？」という話もあったんだけど。

——SWSはだいぶバッシングを受けてましたから、「嫌われ役はワカマツでいいだろ」っていう感じですかね（笑）。

**ワカマツ**　そういう話も出たんですよ。田中さんはメガネスーパーで、SWSの社長も兼ねていたけれど、現場がわかる別の人間がやったほうがいいってことで。だけどそれこそ足の引っ張り合いで、天龍さんを担ぐ人間たちが出てきて。

——レボリューションの人たちは、ワカマツさんじゃなくて天龍さんを社長に推したと。

**ワカマツ**　それで田中社長から「天龍選手が社長でいいですか？」って聞かれたから「いいですよ。何も問題がないです。私は田中社長のおっしゃる通りにしますので」と。

——それで結局、ワカマツさんは「道場・檄」の道場主の座も谷津嘉章さんに譲りましたよね？　やっぱりそれはメインイベンターじゃない人が道場主をやっていることに対して、選手たちからの風当たりもあったんですか？

**ワカマツ**　そういうことはあまり気にもしなかったね。のほほんとしていましたよ（笑）。道場間の対立みたいなものもたしかにありましたけど、私はこういう人間だから全然気にしなかった。ほかの人たちがこだわりが強かったんじゃないですか？

——誰がメインを取るかとか、マッチメイクでもいちいち揉めていたわけですもんね。

**ワカマツ**　でも、上が騒いでたら練習生がかわいそうじゃないですか。だから私はそういった揉め事には関わらずに、道場で練習生たちに基礎的な練習をみっちりとやらせていたんです。「SWSはちょっとゴタゴタしてるけど、若い選手たちはどこの団体よりも練習してるぞ」って言われるようにね。

厳しい練習をして、凄い試合を見せるというのが、SWSを作ったときの私と田中社長の考えでもあったから。

——ワカマツさんだけ、本当の意味で〝道場主〟だったというか（笑）。道場で若手を鍛える役目をずっとやっていたんですね。

**ワカマツ**　たとえば畠中（旭）、片山、いろいろな若い選手がいたけど、彼らは朝8時に来て12時まで練習やって、昼に一度寮に帰るんですよ。それから夕方に来て夜までガッチリ練習させましたから。当時の若い選手はいまでもあの頃を懐かしがってこう言うんですよ。「あれは練習を超えた虐待だ。ワカマツさんを訴えてやる」と（笑）。

——そこまで厳しい練習をさせてましたか（笑）。

**ワカマツ**　「足の運動を何千回もやらされて身体がガタガタになった」と。だから「ワカマツ被害者の会を作って訴えてやる」ってね（笑）。当時の若い選手たちがたまに都内で集まって一杯やりながら、そういう冗談を言い合ってるらしいですよ。でも「あの厳しい練習があったからこそ、その後もやってこれた」とも言ってもらえましたから、ある意味で無駄ではなかったなと思ってますよ。

——SWSがもっと少数精鋭で、ワカマツさんが若手の鬼軍曹に徹するような形にできていたら、まとまったいい団体になっていたかもしれないですね。でも実際はたくさんファイトマネーをもらいながら、練習にも来ない選手がたくさんいたりして。

**ワカマツ**　まあ、そこのところはなんとも言えないんですけど。やはりギャラをいままでの団体以上にもらっているわけですよ。そのぶんだけでもさ、がんばらないといけないなっていう気持ちを持ってくれたら、こういうことにはならなかったと思いますよ。

——そうですよね。ちなみにワカマツさんのSWS時代のギャラもやっぱり凄かったんですか？

**ワカマツ**　いや、私を紹介した人に言ったのは「年収600万でいいですよ」って。

——え〜っ！　SWSの道場主なのにそれだけですか？

**ワカマツ**　私の場合、新日本でもらっていたギャラっていうのが凄くよかったんですよ。

——まだ、テレビもゴールデンタイムの時代でしたもんね。

**ワカマツ**　貯金通帳に0がバーッと揃っていて。こういう人間だから特にお金を使うわけじゃないから、どんどん貯まっていったんです。でも最初に田中社長とお会いしたときは、もう新日本を離れて無職みたいなもんでしたから「600万円いただければ大丈夫です」と。だから新日本と比べると3分の1ですよ。そうしたら私を紹介した金融関係の人が「なんだ、いっちゃん。あんたも馬鹿正直だな。もっとほしいって言えばいいのに」って。それを言わないところから始まったんですよ。

――それこそ、お金じゃないところから始まったんですね。

**ワカマツ**　田中社長がその人に言ったのは「いまどき、ああいう人がいるのかねえ」と。その人が言うには田中社長は「ワカマツさんを男にしてあげなきゃならん！」というところからSWSは始まったらしいんですよ（笑）。自分は田中さんとお付き合いさせていただいて、相談を受けただけなのに、ダントツなギャラをもらうということはしちゃならんと。それは自然とそういうふうになったんです。

――ワカマツさんの場合、引き抜かれたわけでもないですしね。

**ワカマツ**　引き抜きだったら凄い額を言われていたかもしれませんけどね（笑）。新日本にいたときは、本当にギャラが高かったんですよ。だから、アントニオ猪木さんや坂口征二さんにも感謝しています。あとはアンドレ（・ザ・ジャイアント）ですね。アンドレがジャイアント・マシンをやったあと、「一緒にWWFに行こう」って言われたんですよ。

――ジャイアント・マシン&マネージャー・ワカマツを、そのままWWFでやろうと。

**ワカマツ**　だけど私はこういう人間で、森の石松みたいなところがあるからそうはならないですよね。ある意味、バカは死ななきゃ治らないというか（笑）。新日本や国際の吉原功社長に恩があるのでアンドレには丁寧に断りましたよ。それからアンドレはニューヨークに行って、実際にマスクマンをやってね。

## みんなが国際イズム、吉原イズムみたいな気持ちでやってくれていたら、SWSは凄いものになっていた

――ワカマツさんは、田中さんにそれだけ気に入られたなら、途中で高額のボーナスみたいなものはなかったんですか？

**ワカマツ**　いやいや、本当にないですよ。SWSはボーナスが出るようないい時期もあまりなかったし（笑）。

――それはそうですね。出ていくものだけ多くて（笑）。

**ワカマツ**　それでしばらくしたら団体がゴタゴタし始めて。田中社長も「なんだ、これが自分が望んでいた団体の姿か……」って思ったんでしょう。私は真っ先に切られて、北海道に帰ってきちゃいましたから。でも、そうやってきたから現在の自分があるんじゃないかなって。もしSWSが続いていたら、芦別に住んで市議会議員になることもなかったでしょう。

――故郷のために働こうという気にはならなかったと。

**ワカマツ**　いまだってけっして豊かじゃないですけど、「なんでもかんでもお金」になったらさびしいじゃない。この世に生を受けたからには、成すことがあるっていうかさ。坂本龍馬

じゃないけど、そういう生き方ができたら最終的にいいんじゃないかなって。人を裏切ったり、時代の流れのなかでおかしく生きるよりも、いまのほうがいいんじゃないかってね。そうすればあの世に行くときにも後悔もないでしょう。

——ある意味、SWS時代に飛び抜けた大金をもらわなかったからこそ、その後、普通の道を歩いていけたっていう部分もありますか？

**ワカマツ**　お金のことを言うんだったらさ、「社長、天龍選手と同じにしてください。それでなければ私はできません」って言ったら、あの社長のことだから「いや、ワカマツさん。あなたは団体のためにがんばってくれたから、それ以上のものを出しますよ」って言ったかもしれない。だけどお金じゃないよ。SWSが解散した7年後、平成11年（1999年）に芦別で議員になったんだけど、そのときだって選挙のために高利貸しからお金を借りたんだから。選挙ってお金がかかるんですよ（笑）。

——借金しての出馬だったんですね。

**ワカマツ**　私はなんの後ろ盾もなかったんでね。たまたま札幌の知り合いが「じゃあ、口を利いてあげるよ」ってことで金融機関からお金を借りて。それで議員で働きながら借金を返して、払い終わったと思ったら、また次の選挙だから。

——またお金を借りなきゃいけない（笑）。

**ワカマツ**　その繰り返しですよ。でも、いまでも田中さんには感謝してますよ。プロレス界に対してあれだけのことをやってくれてね。もう、ああいう人は出てこないんじゃないかな。

——ワカマツさんも、SWS時代は「なんとかこの団体を成功させなければ！」って必死だったんじゃないですか？

**ワカマツ**　自分の力なんかちっぽけなものだけど、少しでも力になりたいと思っていましたよ。私は事務所のトイレ掃除までしたからね。

——あと、SWSの東京ドーム大会（1991年3月30日）で、藤原組の船木（誠勝）さんとSWSの佐野さんがやるときにけっこうピリピリしていて。船木さんの証言として「試合前にワカマツさんが藤原組の控室に乗り込んできた」っていう話を聞いたんですけど（笑）。

**ワカマツ**　アッハッハッハ！

——それで「『試合で佐野に変なことをやってきたら刺してやる！』って言われました」って、船木さんが言ってましたよ（笑）。

**ワカマツ**　言ってた？（笑）。いや〜、「刺してやる」とは言ってないと思うけど、それだけ真剣だったってことでしょう。佐野選手は普段は無口でおとなしいけど、素晴らしい素質を持った、将来SWSを背負って立つ選手だと思ってましたからね。

——その船木vs佐野のすぐあと、4・1神戸では北尾光司vs

ジョン・テンタと、鈴木みのるvsアポロ菅原がおかしな試合になって。あのへんからSWSの歯車が一気に狂っていった気がします。

**ワカマツ**　何かが狂っちゃったよね。だから、それは選手みんなが「この団体があるからこそ、自分がある」という初心に返っていたら、ああいうことは起きないですよ。

――団体がなくなったら元も子もないわけですからね。

**ワカマツ**　レスラーはそれぞれ自我が強い人たちですけど、それ以前に団体という組織の中で「自分がどうあるべきか」を考えなきゃいけない。でもSWSにはそれがなかったんですよ。私の場合、その考え方を国際プロレス時代に培ってたから。

――なるほど。それこそ国際プロレスは、お金が苦しくても「この団体をなんとかしたい！」っていう集団だったわけですよね。

**ワカマツ**　だから国際の吉原社長っていう人は偉大な人なんですよ。SWSも、みんながそういう国際イズム、吉原イズムみたいな気持ちでやってくれていたら、凄いものになっていましたよ。でも残念ながらお金がありすぎると、そうはならないんですよね（笑）。

将軍KYワカマツ（ショーグン・ケーワイ・ワカマツ）
1942年1月1日生まれ、北海道函館市出身。元プロレスラー。悪役マネージャー。北海道芦別市議会議員。
1972年に国際プロレスに入社し、リング運搬や会場整備に従事しながらトレーニングに励み、1973年9月29日、大位山勝三戦でデビュー。1981年の国際プロレス解散後、カナダ・カルガリーのスチュ・ハート主宰のスタンピード・レスリングにて悪役マネージャー、ショーグン・KY・ワカマツとして活躍。1984年8月よりストロング・マシーンの悪役マネージャーとして新日本プロレスに参戦。マシーン軍団解散後はアンドレ・ザ・ジャイアント、ケンドー・ナガサキ、ミスター・ポーゴの悪役マネージャーを務めた。1990年のSWS設立に参画し、「道場・檄」道場主にも就任。SWS崩壊後は「道産子プロレス道場 元気」設立や、高野拳磁が主宰していたPWCに参戦。1999年、芦別市の市議会議員選挙において当選、市会議員となる。2019年4月21日に行われた芦別市議会議員選挙でも当選し、現在も市会議員として活動している。

HENTAIZADANKAI

# 玉袋筋太郎の変態座談会

TAMABUKURO SUJITARO

## ミスタートンパチ 折原昌夫

MASAO ORIHARA

**プロレス入門前からトンパチ!
この期に及んで飛び出しまくる
全日本、SWS、WAR期の
知られざるエピソード満載!!**

収録日:2020年11月8日　撮影:笹井タカマサ　写真:平工幸雄　構成:堀江ガンツ

［変態座談会出席者プロフィール］
**玉袋筋太郎**（1967年・東京都出身の53歳／お笑い芸人／全日本スナック連盟会長）
**椎名基樹**（1968年・静岡県出身の52歳／構成作家／本誌でコラム連載中）
**堀江ガンツ**（1973年・栃木県出身の47歳／プロレス・格闘技ライター／変態座談会主宰者）

**［スペシャルゲスト］**
**折原昌夫（おりはら・まさお）**
1969年6月16日生まれ、群馬県邑楽郡出身。プロレスラー。
プロレスラーになることを目指して高校よりレスリングを始め、1989年に全日本プロレスに入門。1990年2月22日、菊地毅戦でデビューし、同年7月にSWSに移籍する。1992年6月にSWSが崩壊してWARに入団するが、1995年12月に代表の武井正智から引退が発表されてWARを退団。1996年、東京プロレスに覆面レスラー「月光」として入団。1997年1月にはプロレス団体MOBIUS（メビウス）を設立。小野武志とのタッグチーム「トンパチ・マシンガンズ」結成や、新日本プロレスやみちのくプロレス参戦などで活躍するが、2004年7月に全身硬直などの症状に襲われてリハビリ生活を余儀なくされる。その後、回復し現在もMOBIUS代表として、そして現役として活動中。

ALL TIME
2時間飲み放
1200
ALL TIME
1200

## 「ボクはトンパチって呼ばれるのがあまり好きじゃなかったんですけど、天龍さんが付けたんですよ」（折原）

**玉袋**　折原さん、どうもご無沙汰してます！

**折原**　おひさしぶりです。いや〜、さっきここに来る前に職質を受けちゃって。

**玉袋**　職質！　まあ、言ってはなんですけど、受けやすそうな風貌ですもんね（笑）。

**折原**　今日はこの時期にしては暑かったじゃないですか。しかも急いでいたんで、Tシャツで腕を出して汗だくになっていたら「なんか持ってない？」って（笑）。

**椎名**　その汗が怪しいと（笑）。

**折原**　それで「プロレスラーの折原昌夫だから、いまスマホで検索してくれ」って言って。それで振り切るように来たんですよ。

**椎名**　この刺青は違う職業なんだと（笑）。

**玉袋**　いや〜、のっけからトンパチなエピソードをありがとうございます（笑）。

**ガンツ**　では、今日はそんな折原さんのトンパチなレスラー人生をたっぷりとうかがわせていただこうと思います！

**玉袋**　若い頃からやっぱりトンパチだったんですか？

**折原**　いや、「トンパチ」って天龍（源一郎）さんが付けたあだ名なんですよ。ボクは「トンパチ」って呼ばれるのがあまり好きじゃなかったんですけど、この世界だったらいいことなんですかね？

**ガンツ**　いいことかどうかはわかりませんが、前田日明さんも若手時代はあだ名が「トンパチ」でしたよね。

**椎名**　初代・トンパチだよね（笑）。

**玉袋**　まあ、あとは橋本真也かな。

**椎名**　素晴らしいレスラーばかりですよ（笑）。

**折原**　ボクは一度、結婚式で前田さんと同じテーブルになったことがあるんですよ。たしかバトラーツの選手の結婚式だったと思いますけど、最初ボクと前田さんしか座っていなくて「なんでこのふたりなんだ」と思って（笑）。

**玉袋**　トンパチでひとつのテーブルに括られたわけだな（笑）。

**折原**　前田さんは、その時点で一升瓶を持って酔っ払ってましたからね。

**玉袋**　はえーよ（笑）。

**椎名**　人の結婚式で酔っ払って、「オ〇〇コ！」って叫んじゃう人ですからね（笑）。

**ガンツ**　角田信朗さんの結婚式で、新婦から両親への花束贈呈という感動のシーンで叫んだという（笑）。

**折原**　「レスラーの結婚式だから各テーブルに一升瓶が置かれてるのかな？」と思ったら、ボクらのテーブルだけなんですよ。

**ガンツ**　普通は瓶ビールとウーロン茶とかですもんね（笑）。

**玉袋**　あとはシャンパンとかさ。なかなか結婚式のテーブルに一升瓶はねえよ。
**折原**　それで「これ、どうしたんですか?」って聞いたら「俺が持ってきたんや」って（笑）。
**玉袋**　持参かよ！（笑）。
**椎名**　結婚式を大変なものにする気マンマンですね（笑）。
**折原**　ボクも危険を感じて「トイレに行ってきます」って言ったまま、早めに帰りましたけどね。ボク、じつは（新生）UWFの入門テストを受けたことがあるんで、ちょっとだけ接点はあったんですけど。
**玉袋**　そうだったんだ。プロレスラーになろうと思ったきっかけはなんだったんですか?
**折原**　やっぱりタイガーマスクですね。
**椎名**　ボクは折原さんと同世代ですけど、みんなそうですよね。
**折原**　格闘技は興味なかったのに、テレビでタイガーマスクを観たら憧れて。中学で無理やり柔道部に入れられて嫌々ながらけっこう強くなったら、中3のときに高校のレスリング部担当の人が来て「キミはプロレスが好きなんだって?」って聞かれたんで「ボクはプロレスラーになりたいんです」って言ったのが運の尽きですよ。「ウチに来てレスリングをやれば、卒業後、プロレスの道を踏ませてやる」って言われて、ふたつ返事で「やります！」って。
**ガンツ**　それで高校からレスリング部ですか。
**折原**　いや、その返事をしたあとは中3からもう中学校へは行かずに高校で毎日レスリングをやっていたんです。義務教育としてはバツだと思うんですけど、当時はそうやって推薦で引っ張られたのが何人もいましたね。
**玉袋**　ある意味で〝飛び級〟だな（笑）。でも高校の運動部なんて、1年は奴隷でしょ?
**折原**　中3のときはまだお客さんだから先輩もやさしかったんですけど、高校に入った瞬間から別物でしたね。だから辞めたいけど辞めるわけにいかないし、大会で活躍しないと退学なんで、プロレスラーになるために必死に耐えて練習してましたね。

**「いまは自称プロレスラーになれちゃう世界でもありますけど、当時は狭き門だったからどうしていいかわからなかった」（折原）**

**椎名**　スポーツ推薦ってプロみたいなもんですね。
**折原**　だからお金ももらってましたよ。
**椎名**　えっ!?
**折原**　ボクが住んでいた群馬県はレスリングに力を入れていたので、OB会から年間の寄付金とかがけっこう入ってきていたんですよ。強化練習にかけるお金として。だから強い人はお金をいただいてましたね。

**玉袋** 「栄養費」っていうやつだな。そこは野球と一緒で。
**折原** それにボクは入学金も授業料も払ってませんでしたから、勝って結果を出さなきゃクビなんですよ。
**椎名** じゃあ、高校入試は一切してないんですか?
**折原** してないです。形式だけテストは受けるんですけど、ボクだけ作文なんですよ。ほかはみんな問題を解いてるのにボクの机の上には作文用紙が置いてあって。それで「将来はプロレスラーになりたい」とか小学生の夢みたいなこと書いて、10分したら手を挙げて「終わりました」って教室を出ていきましたよ。みんな俺のこと見ていてね。
**椎名** 「10分で問題を解いた天才だ!」って感じで(笑)。
**ガンツ** そうやってプロレスラーになるために高校進学したわけですけど、卒業してすぐに全日本プロレスに入ったわけじゃないんですよね?
**折原** そうなんです。高校卒業前、「ようやくアマチュア生活が終わった」と思って、先生に「あの約束、憶えてますよね?」って言いに行ったら「おー、プロレスの話か。それはいいとして、じつはもう就職先は決まってる」って言われて(笑)。
**ガンツ** 勝手に就職の話も進めちゃってたんですか!
**折原** 地元に三洋電機っていう大きい会社があるんですけど、そこにエンジニアとして入って、実業団として社会人レスリングをやることになっていたんですよ。
**玉袋** 話が違うじゃねーかって(笑)。
**折原** ボクも「だまされた!」って思いましたけど、電機とか好きで設計もしてたんで「まあ、とりあえずやってみてもいいかな」って思っちゃったんですよね。それで入ってICの設計をやってたんで、昔一緒に入った元同期なんかは地元で偉くなってますよ。
**玉袋** 言ってみりゃシリコンバレーだよ。俺とか折原さんの時代は「パソコン」じゃなくて「マイコン」って言われていた頃だから。
**折原** だから設計の仕事は楽しかったんですけど、3カ月くらい経ったら、やっぱりプロレスラーになりたい気持ちが抑えられなくなったんですよ。それで自分でプロレス団体の入門テストを受けようと思って、上司に「有給休暇を使わせてください」って言ったら「もうか?」って。
**椎名** 入って3カ月で有給消化ですもんね(笑)。
**折原** でも「海外旅行に行きたいんです」ってお願いして。「どれくらい?」って聞かれたんで「1カ月くらい」って。
**玉袋** 新入社員がどんなバカンスだよ(笑)。
**折原** 休みを取って入門テストを受けようと思ったんですけど、当時はどうしていいかわからなかったんですよ。いまは「今日から俺はプロレスラー」って言えば、自称プロレスラーになれちゃう世界でもありますけど、当時は狭き門だったし。

**玉袋**　自称・お笑い芸人と一緒ですよ。
**折原**　それで全日本プロレスの事務所に電話してみたんですけど、取り合ってもらえなくて。それで社会人レスリングの先輩だった、島田さんに相談したんです。
**玉袋**　島田さんって、SPWFにいた島田宏さん？
**折原**　あっ、そうです。島田さんはいまインディーでやっていますけど、当時は社会人レスリングをやりながらプロレスラーになりたい夢を持っていた人なんですよ。ただ、谷津（嘉章）さんと同期なんで、年齢はちょっといってたんですけど。
**玉袋**　あっ、同じ群馬で谷津さんと同期だったんだ。
**折原**　島田さんはアマレスの世界では相当な強さで。でもちょっと背がちっちゃいじゃないですか？　だから当時はプロレス団体には相手にされず、悔しい思いをしたみたいで。
**ガンツ**　島田宏さんはいまのインディーじゃ体重も含めて巨体ですけど、昭和のプロレスでは身長が全然足りなかったんですね。トム・エリクソンみたいな体型して（笑）。
**折原**　島田さんは三洋電機レスリング部の監督もやってたんでボクはけっこうかわいがられていたんですけど。練習後に飲みに連れて行ってもらったとき、「いまでもプロになりたいなら、こんなのが新聞に出てたぞ」って見せてくれたのが、TPG、たけしプロレス軍団の練習生募集の記事だったんですよ。
**玉袋**　出ました！　その節は申し訳なかったです（笑）。

## 「デビュー前の邪道・外道と折原昌夫の揉め事を、SPWFの島田宏が止めていたとは知らなかったよ（笑）」（玉袋）

**折原**　で、話は前後するんですけど、TPGを受ける前にUWFの入門テストも受けてるんですよ。島田さんに勧められてUWFの事務所に電話したら、「○月○日にテストをしますので、そこで受けてください」ってちゃんと教えてくれて。それが第1回の入門テストだったんです。
**ガンツ**　ちょうど新生UWFが旗揚げしたときだったんですね。
**折原**　それで入門テストを受けて、自分ではトップの成績だなと感じたんで、「これは受かったな」と思ったんですよ。で、その日は「合否は1週間以内に連絡する」って言われて帰らされたんですけど、終わったあとにひとりだけ記者に囲まれて写真を撮られている人がいたんですよ。それがいま思うと田村（潔司）くんで。
**玉袋**　田村潔司だったんだ。
**折原**　それで群馬に帰ったあと、なかなか音沙汰がなかったんですけど、1週間ぐらい経ったら「サクラチル」っていうハガキが届いたんです。
**玉袋**　受験だよ（笑）。
**椎名**　UWFも古風なことしますね（笑）。

**折原**　でも納得いかなかったんで、UWFの事務所に電話したんですよ。「どういうことですか？　ボクは自分がいちばんだと思ってたんですけど」って言ったら「少々お待ちください」って言われて、しばらくしたら「髙田です」って、髙田延彦選手に電話を代わられたんです。

**玉袋**　えーっ！　たまたま事務所にいたんだ。

**折原**　それでお話をさせてもらったら、「憶えてますよ。たしかにキミはいちばんだった。でもウチはいちばんは獲らないようにしてるんです」って言われて。「どうしてですか？」って食い下がったら「あなたはギリギリの力を振り絞って、あの成績だったよね？　それ以上は伸びないんじゃないか、というのがウチの考えです」って言われて。

**玉袋**　へえー！

**折原**　もうガックリ来て、それを島田さんに報告したら「実力の世界でそんなことがあるのか？　クソー、納得がいかねえな。おまえバカにされたな」って言われて。島田さんもあこがれのプロレス界ですからね。それで「まちがいなくいちばんだったんだな？」って聞かれたんで「まちがいないです」って言ったら、「じゃあ、俺も一緒に行ってやる。次はこれな」ってことで見せられたのがTPGですよ（笑）。

**玉袋**　UWFのはずがTPGか。ホントに申し訳ねえ（笑）。

**折原**　それで島田さんに付いてきてもらって行ってみたら、いまの邪道、外道のふたりはすでに入っていて、彼らが仕切ってたんですよ。

**ガンツ**　時期的に、もうビートたけしさんの手から離れていたときですね。UWFの入門テスト後ということは1988年なんで。

**玉袋**　両国の暴動のあとか。

**ガンツ**　そうです。だから邪道・外道、ワキタ（スペル・デルフィン）が、〝はぐれTPG〟状態で独自に活動を始めていたんでしょうね。

**折原**　で、ボクはTPGに本気で入ろうと思ったわけじゃなくて、プロレス界を茶化しにいったんですよ。全日本は電話で相手にされず、UWFは入門テストの成績がいちばんのはずなのに落とされて。さんざんバカにされたんで、今度はバカにし返してやろうと思って。

**ガンツ**　その矛先がたまたまTPGだった（笑）。

**折原**　それで邪道・外道の前で、島田さんとアマレスの動きをやったりとか、プロレスラーになりたいわけだからプロレスっぽい動きもできるわけですよね。そうしたら「ふたりとも凄く動けるじゃない。明日から練習に来てくれ」って言われたんですよ。でもボクは「いや、いいです。どんなものか見に来ただけなんで、帰りまーす」って拒否したんですよ。そうしたら「おい、おまえら！　茶化しに来たのか？」みたいな話になって「なんだ、コノヤロ～！」って、つかみ合いになったんですよ。

**玉袋**　へぇー！

**折原**　こっちはもうプロレス界に対して気が立ってますから。あの頃はまだ邪道・外道も弱っちかったじゃないですか。だからやってやろうと思ったら、島田さんが間に入って。

**玉袋**　デビュー前の邪道・外道と折原昌夫の揉め事を、ＳＰＷＦの島田宏が止めていたとは知らなかったよ（笑）。

**折原**　その邪道・外道とものちにプロレスの世界で会うんですけどね。でもあのときは正直、気分はよかったですよ。「今度は俺のほうがバカにしてやったぜ」って感じで。それで島田さんのクルマで群馬に帰って、その夜も一緒に飲んだんですけど、家に帰ったらやっぱり寂しくなっちゃって（笑）。

**椎名**　プロレスラーになるチャンスを逃しちゃったと（笑）。

**折原**　それでまた島田さんに相談したら、谷津さんに直接電話してくれて。それで谷津さんに「じゃあ、全日に来なよ」って言ってもらえたんです。

**ガンツ**　それで全日本だったんですね！

**折原**　で、実際に谷津さんが群馬に来たときに会わせてもらったんですよ。そうしたら谷津さんがボクを見た瞬間、「あー、島田。俺、帰るわ」って言ったんですよ。あの頃、ボクは60キロちょっとしかなかったんで。

**玉袋**　身体を見ただけで門前払いだったんだ。

**折原**　谷津さんはテレビで観ると、全日本の中ではそんなに大きくないのに、実際に会うともの凄くデカかったんですよ。そのとき、「俺は恐ろしい世界に入ろうとしてるんだな」と思って。でもやっぱりタイガーマスクになる夢がありましたから、必死にお願いをしたら「テストだけは受けられるように馬場さんに話を通してやるから」って言われて、テストを受けにいきましたね。

**玉袋**　それでようやくテストが受けられる段階だっつーんだから、当時は狭き門だったな～。

**折原**　それで全日本のテストは1日じゃ終わらず、3日間あったんですよ。新弟子同然に合宿所に泊まって。

**椎名**　3日間でやっていけるかどうかを見るわけですか。

**「○○○○みたいに陰険なことをしてくる先輩ばかりじゃなくて、菊地毅さんは凄くやさしかったですね」（折原）**

**玉袋**　試験は誰が見てくれたんですか？

**折原**　いろんな人がいたんですけど、合宿所でいちばん上だったのが、いつも爪楊枝をくわえていて、いつになっても身体がショボい、いまノアにいる、後輩から嫌われている人ですね（笑）。

**ガンツ**　ああ、昔から後輩をかわいがることで有名だった（笑）。

**玉袋**　えっ、誰？

**折原**　○○○○さん。

**玉袋**　あー（笑）。俺はおとといの夜、『プロレスクラシック』で観たよ。

**折原**　そのときのテストは全員ダメだったんですけど、ボクはアマレスの強化合宿のメニューのほうが断然凄かったんで、全部クリアできちゃったんですよ。でも○○は、体力テスト以外のところで陰険なことをしてくるんですよね。

**椎名**　どういうことをされるんですか？

**折原**　さんざん体力テストをやったあとにちゃんこのあと片づけとかもするんですけど、洗い終わった皿にツバを吐かれたりとか。

**椎名**　えーっ!?

**折原**　自分でツバを吐いておいて、「おい、汚れてんじゃねえか」ってね。

**玉袋**　うわ～、女々しい世界だなー、それ。

**椎名**　そんな子どもじみたことを（笑）。

**折原**　やりましたよ、○○は。でもボクは我慢できないタイプなので「おまえがいまやったよな!?」って。テストを受けに来た人間が（笑）。もうそこでバチバチでしたね。

**玉袋**　邪道・外道に続き、○○○○ともデビュー前から一触即発だったというね（笑）。

**折原**　でも○○みたいな先輩ばかりじゃなくて、菊地毅さんは凄くやさしかったですね。菊地さんは大東文化大学のレスリング部で、全日本学生選手権でも優勝した強い選手なんですけど、ウチの高校の先生も大東文化の卒業生だったんで、ボクも大学まで練習に行かせてもらったことがあるんですよ。そのときに菊地さんとも面識があって、「ボクは全日本プロレスに入りたいんです」って言ったら「がんばれよ。いつか会えるかもしれないね」なんて話をしていたんです。で、ボクが全日本に来て、菊地さんはみんなの前でそれを言わなかったんですよ。言ったらまた俺がいじめられちゃうから。あの人は凄くやさしい人なんですよ。

**玉袋**　いいねー、それは。

**折原**　ボクが入門テストでひとり残って、その夜、合宿所で「コイツ、どこで寝かせる?」って話になったとき、階段下の三角の空きスペースで寝かされることになったんですよ。

**玉袋**　犬だよ、それ（笑）。

**折原**　そうしたら菊地さんが、「そこで寝てたらあと2日間の体力が持たないだろうから、俺の部屋に入れます。仕方ないですから」って嫌々の雰囲気を出してきながら「上がれよ、こら！」って部屋に入れてくれて。ボクも「菊地さん、ずいぶん雰囲気変わっちゃったな、怒られるのかな」と思ったら、部屋のドアを閉めた瞬間に「よく来たなー！」って（笑）。

**玉袋**　いい話だなー（笑）。

**折原**　「とにかく疲れてるだろうから寝なさい」って、ベッドまで貸してくれて。横になった瞬間、目が覚めたら次の朝でしたね。

**玉袋**　菊地さん、いいわー。きっと菊地さん自身、身体が小さいから苦労したんだろうし。

**折原**　そうなんでしょうね。それでボクは最後の3日まで残っちゃったんですけど、みんなは落とすつもりでいたから困っちゃったんですよ。それで最終日、渕（正信）さんに「一応合格だけど、審査に引っかかってるから一度帰りなさい」って言われて。まあ、身長も体重も規定に達していなかったからそう言われるのは仕方ないんですけど、ボクはUWFでの苦い思い出があるじゃないですか。

**玉袋**　サクラチルね。

**折原**　なので渕さんに「待っててもいい返事は来ませんよね？」って言っちゃったんですよ。そうしたら全員が呆気にとられるというか。

**玉袋**　「コイツは何を言ってるんだ⁉」っていう（笑）。

**椎名**　大先輩ですもんね。

**折原**　そうしたら百田（光雄）さんがツカツカと来て、強い口調で「とにかく待つように！」って言われて。それで群馬に帰って待ってたんですけど、やっぱり連絡が来ないんですよ。で、また島田さんに相談したら「俺だったら直接会場に行くな。だってもう合格してるんだろ？」って言われて。「会場で馬場さんに直接言いに行くんだよ」って。

**玉袋**　おー、直談判！

**折原**　それで初めて全日本の後楽園ホールに行って。そうしたらロビーの売店に馬場さんがいるじゃないですか。まわりにお客がいなくなったところを見計らって「入門テストに合格した者です。いつ入門させてもらえるんでしょうか？」って言ったら、馬場さんが横にいた付き人の小橋（建太）さんに「コイツはなんだ？」って聞いて。そうしたら小橋さんがパッとこっちを見て「あー、おまえ！」って（笑）。

**椎名**　入門テストで○○さんや渕さんに歯向かったアイツだ！と（笑）。

**折原**　それで小橋さんが説明してくれたら、馬場さんが「小橋、上着を脱げ」って言って。その脱いだジャージをボクに渡して「これを着て、今日からセコンドにつけ」って言ってくれたんですよ。

**玉袋**　すげー！

**折原**　「ヤッター！」って。もう泣きましたよ。それで小橋さんが「あとでズボンも渡すから」って。それでデッカい小橋さんのブカブカのジャージを着て入門させてもらったんです。

**玉袋**　その話はたまんないね。

**「ご飯にママレモンを入れて殺人を計画するってやっぱりトンパチですね！　だけどそれは失敗に終わったんですね」（椎名）**

**折原**　で、その日から正式に練習生になったんですけど、ボクが控室に行ったら、ドアを蹴飛ばしながら近づいてきたのが〇〇〇〇ですよ。

**ガンツ**　またですか（笑）。

**折原**　「おまえ、なんでジャージ着てるんだよ！」って。

**玉袋**　でも〇〇さんが何を言おうと、馬場さんという本丸を攻め落としたわけだからね。それをアドバイスした島田さんはいい軍師だよ。じゃあ、そうして全日本に入団できて、その頃、会社にはもう辞めるって伝えていたんですか？

**折原**　いや、その時点でボクはまだ〝旅行中〟じゃないですか。

**玉袋**　凄い旅行中だな（笑）。

**ガンツ**　群馬から（世田谷区）砧の道場に小旅行ですね（笑）。

**折原**　ただ、やっぱり会社にはバレてましたね。それで一応、円満に辞めさせてもらいました。

**玉袋**　それで晴れて全日本に入門か。

**折原**　ただ、入門はできても「こんなちっちゃいヤツ、モノにならないから早く辞めさせろ」みたいな指令が出ていたみたいなんですよね。だから練習はとにかくハードでしたよ。夜逃げさせるために血ヘド吐くまでやらされて。もう立てなくなってるのに、そこからちゃんこ番があって。また、練習しないのにちゃんこだけ食いに来る先輩もいるから、やたら作る量が多くて時間がかかるんですよ。

**椎名**　大人数の料理って、かなりの重労働ですもんね。

**折原**　いろんなことやられたんで、「コイツらのうち、ひとりくらい死ねば俺も早く上に行けるだろ」と思って、ママレモンっていう食器洗剤があったじゃないですか？　あれを入れてご飯を炊いてみたりとかね（笑）。

**椎名**　ママレモンで殺人計画！　やっぱりトンパチですね！（笑）。

**折原**　あのとき、釜がふたつあったんですけど、ママレモンを入れたほうはご飯が泡ブクになって、臭いも凄いことになっちゃったんですよ（笑）。

**玉袋**　そりゃ凄いだろう（笑）。

**折原**　「ヤバイ！」と思って、それでとりあえず表面のご飯を捨てたんですけど、「あー、これは人が食えるものじゃないな」っていうくらい科学的な臭いがしていて（笑）。それで先輩から「メシ遅えだろ！」って言われて「すみません、今日も失敗しちゃいました……」って言ったらぶん殴られたんですけど、「しょうがねえな。それしかないんだろ？　それでいいよ」ってみんな食い始めたんですよ。

**椎名**　ママレモンご飯を食い始めた！（笑）。

**折原**　「ヤバい、これは絶対にバレる」と思ったんですけど、みんなテレビを観たり、オイチョカブをやりながら食ってるから気づかないんですよ（笑）。

**玉袋**　博打に夢中でメシの味もわからないというね（笑）。

**折原**　しまいには「おかわり！」とか言い出して。こんなの食ってたら明日みんな倒れるんじゃないかと思ったんですけど、誰

もお腹を壊してないんですよ。「プロレスラーは強えな～」って思いましたね（笑）。

**玉袋**　全日本のレスラーがママレモンに勝った！　いい話だよ（笑）。

**椎名**　結局、ママレモン暗殺計画は失敗に終わったんですね（笑）。

**折原**　死んでくれなかったです（笑）。

**ガンツ**　その後、折原さんは天龍さんの付き人になるんですよね？

**折原**　毎日練習がツラくて、毎日ちゃんこ番やって、ボクは最後に皿洗いしながら泣いていたらしいんですよ。それを天龍さんは見ていたらしくて、ある日突然、「おまえ、明日から俺の付き人になれ！」って言われたんですよ。でも当時、ボクは天龍さんのことをよく知らなくて、パーマのおっさんくらいにしか思ってなかったから「はっ？　嫌です」って言っちゃって（笑）。

**玉袋**　断っちゃったよ～（笑）。

**折原**　だって誰だかわかっていないんですもん。

**「みんな天龍さんのことを酒豪って言いますけど、じつは飲んでいるふりしてあまり飲んでませんでしたね」（折原）**

**椎名**　折原さんからすれば「なんのこっちゃ？」って感じだったんですね（笑）。

**折原**　練習と雑用でただでさえキツいのに、付き人なんて絶対に嫌だなと思って。でも、あとで小橋さんに「おまえ、天龍さんの付き人を断ったんだって？　バカ野郎、やっておけよ。俺は馬場さんの付き人をさせてもらってるけど、やっぱり勉強になるぞ。何かが変わるから」って言われて。それで翌日、天龍さんに「きのうは失礼しました。よろしくお願いします！」って言ったんですよ。いま思うと天龍さんは、夜逃げさせるためにしごかれていた俺を付き人にすることで残してくれたんですよね。

**玉袋**　なるほどな～。天龍さんの付き人を若手の先輩がクビにはできねえもんな。

**椎名**　○○○○さんから守ってくれたんですね（笑）。

**折原**　それで付き人になったとき、焼肉を食べに連れて行ってもらったんですよ。ボクは全日本に入ってから、ちゃんこのとき、○○とかに「食え！」って言われるのが嫌だったんですよ。動物じゃあるまいし、無理やり食わされて。でも天龍さんは「好きなだけ食べなさい」って言ってくれて。「この人は違うな」って思いましたね。それで食事が終わったあと、「明日からよろしくな」って1万円もらって。「小橋さんが言っていたことってこれか！」みたいな（笑）。

**椎名**　いい人の付き人になりましたね（笑）。

**折原**　それで天龍さんの付き人になってからは、ほかの先輩のボクに対する接し方が変わりましたからね。

**ガンツ** 天龍さんに付いていると、お酒のほうはどうだったんですか?

**折原** みんな天龍さんを「酒豪」って言うじゃないですか? でも、じつはあの人は飲まないですね。アイスペールにいろんな酒を入れて回し飲みするんですけど、ボクが横で見たかぎり、天龍さんは飲んでいるふりして飲んでませんでしたから。結局、その分を俺が飲んだりして(笑)。

**玉袋** じゃあ、天龍さんは演出だったのか。自分を豪快に見せるための。

**折原** もの凄く身体には気をつかっていましたし、連日、試合が終わったあとは選手や記者を連れて宴会をやっていましたけど、みんながいなくなったあと、タクシーの中で「おい、薬を出してくれ」って特別に調合した粉薬を飲んでましたね。「具合悪いんですか?」って聞いたら「いや、そうじゃない。明日も闘わなきゃいけないだろ」って。

**椎名** ちゃんと翌日の試合のことを考えてるんですね。

**折原** 「おまえな、みんなの前でもプロレスラーでいるのは大変なんだぞ」って言っていたことがありましたから。

**玉袋** 折原さんから語られる人はみんな男を上げますね。天龍さんはもちろん、男の中の男ですけど。

**折原** ボクは○○さんのことは上げてないですよ? (笑)。

**椎名** ひとりだけ例外がいる(笑)。

**玉袋** その後、天龍さんはSWSに行く、行かないっていう葛藤があったと思うんですけど。

**折原** ありましたね。雑誌でも「カネで動いた」とか「引き抜きをした」とかいろいろ書かれましたけど、ボクは本当のことを知ってますよ。あれだけのトップレスラーが団体を移るんだから、それは多額のお金が動いてますよ。でも、それは天龍さんの選手としての評価だし、汚いことをして奪ったカネじゃない。

**玉袋** そりゃそうですよ。

**折原** それと、天龍さん自身は引き抜きは一切していませんよ。誰のことも誘ってないです。それはボクのことも。ただ、天龍さんが全日本を辞めたあと、まわりから「折原はどうせ、天龍さんに誘われてメガネスーパーに行くんだろう」みたいに言われて立場がなくなったんですよ。それで全日本を離れて、一度群馬に帰ったんです。そこでまた島田さんが出てくるんですけど。

**玉袋** 島田宏は節目節目でかならず出てくる、すげえキーパーソンだよ(笑)。

**折原** そのとき、島田さんは浄化槽とか工事現場のトイレとかを扱う大きな会社の社長さんをやっていたんですね。それで電話で相談したら「汚い仕事だけど、カネはいいから来い」って誘っていただいて。それで全日本を辞めて、そこで仕事をしようとしていたんです。

**玉袋**　業界から足を洗おうとしていたわけですか。

**折原**　それで六本木の全日本の事務所まで馬場さんに挨拶に行ったんですけど、ボクみたいないちばん下の人間が抜けると雑用係がいなくなるし、また全日本は選手がどんどん抜けていくなかで、下の人間まで辞めるのはイメージ的によくないってことで、ボクのことは是が非でも押さえておきたかったみたいなんですよ。

**ガンツ**　SWSができて選手大量離脱の真っ只中ですしね。

**折原**　それで社長室に行って、馬場さんに「今日で辞めさせていただきます」って言ったら「天龍のところに行くのか？」って聞かれたので、「全然誘われてないです」と。「群馬でお世話になっている人がいるので、汚い仕事ですけど次の目標が見つかるまでそこでやっていきます」って言ったら「そうか。もう一度聞くけど、天龍には誘われてないんだな？」って聞かれて、「本当に誘われてません」と。そうしたら馬場さんが名刺をくれて「何かあったらいつでも帰ってこい。半年後でも1年後でも、やりたくなったらほかのところに行かずに俺のところに帰ってこい」って。

**「若手全員で高級ソープをハシゴって、そんなカネの使い方をしていたらやっぱりSWSは長くはないですね（笑）」（ガンツ）**

**玉袋**　へぇー。馬場さんはデカいな。

**折原**　で、実際に島田さんの会社で働き始めたんですけど、やっぱりプロレスは諦め切れないんですよ。ただ、馬場さんには「いつでも帰ってこい」って言ってもらえましたけど、会社が大変なときに抜けたボクがあそこに戻るわけにいかないし。それで正直に島田さんに話したら「天龍さんに電話して、お願いをすればいいじゃねえか」って言われたんで、心を決めて電話したんですよ。「もう一度、天龍さんの下でやらせてください」って。そうしたら「ダメだ。おまえはいらない」と。

**玉袋**　若手とはいえ、全日本から引き抜きはしたくねえってことだったのかな。

**折原**　OKはもらえなかったんですけど、「1回、焼肉でも食うか」って焼肉屋に連れて行ってもらったんですよ。そこではSWSの話は何も出ずに食べただけで帰ったんですけど、3〜4日経ってもう一度電話をしたら、「○月○日に来い！」って言われて、メガネスーパー社長の田中八郎さんに会わせてくれたんですよ。でも田中さんはデカい人が好きだから「天龍くん、こんな小さいのウチは選手として使う気がないよ」って断られたんです。

**玉袋**　そこでもダメだったんだ。そのとき、田中さんに対してカチンとは来なかったんですか？

**折原**　来ましたね。「このクソチビが！」って（笑）。それで門前払いになりそうだったんですけど、天龍さんが「寮を作るんですよね？　新弟子だけじゃ、寮長なんて誰もできないですよ。でもコイツは全日本の寮を経験してるんで、選手じゃなくて寮長としてでいいので使ってください。お願いします！」って頭を下げてくれて、ボクは寮長としてSWSに潜り込んだんです。

**玉袋**　へえ〜、そうだったんだ。

**折原**　その後は、選手として再デビューすることができたんですけどね。

**ガンツ**　SWSはお金のほうは凄かったんですか？

**折原**　凄かったですね。ボクは選手としてはいちばんのペーペーでしたけど、「こんなにもらっていいのかな？」って。「ボクでこれだけなんだから、上の選手はどんだけなんだろう」って想像したら恐ろしかったですよ。田中さんはレスラーに対して「とにかくカネを使え」っていう人で、SWSでは週に1回全体ミーティングがあるんですけど、それが終わったあとに天龍さんは大概、田中さんに怒られてましたから。なんで怒られてるかっていうと「カネの使い方がなってない」というんですよ。

**椎名**　「もっとカネを使え」ってことなんですね（笑）。

**折原**　そうです。「こないだ銀座に行ったけど、天龍くん、キミの話は全然聞かないよ。行くところ行くところで全部聞いてるけど誰も知らないよ、あんたのこと。何をやってるの。どこで何にお金を使ってるの！」って言われて。

**玉袋**　「銀座で知られた存在になれ」と！

折原　天龍さんは眉間にシワを寄せて黙っていましたね。ボクが見た感じでは「もうこれ以上は使えねえよ」って顔をしてました。
玉袋　天龍さんだって、記者や若い衆を連れて豪快に飲んでるはずですもんね。
折原　それで田中さんが天龍さんに分厚い封筒を渡して、「これ、今日中に使ってきなさい」って言うんですよ。天龍さんはそれを受け取ったんですけど、帰る途中にその封筒をボクに渡して「おまえ、このカネをパーッと使ってこい！」って言うんですよ。
椎名　いくら入ってたんですか？
折原　その時点では封を開けてないし、天龍さんも中身は見てなかったんですけど。とりあえず道場に帰ったあとにボクは「誰にも見られない場所はトイレだけだ」と思って、トイレの中で封を開けてみたんですよ。そうしたら万札が帯でふたつ入ってましたね。
玉袋　200万円だ。それを一晩で使わなきゃいけないと（笑）。
折原　新人のぺーぺーがそんな大金を手にしても、どう使っていいかわからないんですよ。そうしたら天龍さんから電話がかかってきて「おまえ、さっきのカネ、ちゃんと全部使えよ。あぶく銭を貯め込んだりしたら頭カチ割るからな！」って言われて。もう「大金を使うならここしかない！」と思って、道場にあったバンに若手と新弟子をみんな乗せてソープに行きましたよ！（笑）。
玉袋　SWSの若手全員でソープ！　いいね〜！（笑）。
椎名　何人連れて行ったんですか？
折原　10人以上いましたね。新弟子だった平井（伸和）に運転させて「どこ行くんですか？」って聞かれたんで、「ソープランドだよ！　1回8万円のところがあるはずだから、そこに行くぞ！」って（笑）。
玉袋　8万の高級店！『エメラルド皇帝』とかああいうところだな（笑）。
折原　そんな高級ソープに、坊主頭のガキがジャージ姿で行くんですから。向こうに着いたら黒服が「ちょっとキミたち、お金は大丈夫なの？」って感じで来たんですけど、「ボクら、プロレスラーです。お金なら大丈夫です」って言って遊ばせてもらって。1回じゃ使い切れないから「じゃあ、次行くぞ！」って高級ソープをハシゴしましたよ！
玉袋　まさに〝あぶく銭〟だったってことだな（笑）。
ガンツ　泡の国で使うお金（笑）。
折原　最後は「とりあえず腹減ったな」ってことでメシを食いに行って。でも高い焼肉屋さんとかも知らないから、ファミレスに行って「こっちとこっちのテーブルに、メニューにあるもの全部持ってきて！」って言ったら、ウエイトレスが「えっ!?」って驚いちゃって。でもちゃんと全部持ってきましたよ。

**玉袋**　いや〜、おもしれえなあ。小林邦昭さんが若い頃、新幹線食堂車のメニューを全部平らげたって話はあるけど、SWSの若手はファミレスの全メニューを制覇していたっていうね（笑）。

**椎名**　早すぎた「帰れま10」ですね（笑）。

**ガンツ**　でも、そんなカネの使い方をしていたら、やっぱりSWSは長くはないですね（笑）。

**「横綱時代の北尾は付き人をナイフで脅したりしていて、最後は女将さんを蹴っ飛ばしちゃうんだもんな」（玉袋）**

**玉袋**　放蕩経営だな（笑）。

**折原**　ボクら、カネの使い方なんてわからないですからね。

**玉袋**　でも、いいあぶく銭の使い方ですよ。ただ、その若さでそれを味わっちゃったら、あとの人生が大変かもしれねえけど。

**折原**　でも田中八郎社長からすれば、まったくダメなカネの使い方ですよね。「銀座とか人の目につくところで使ってくれ」って渡されたのに、そういう店には行っていないので。

**玉袋**　人目につくどころか密室だよ（笑）。

**ガンツ**　そのチグハグさも含めてSWSらしいエピソードですね（笑）。あと、SWSには折原さんのあとに北尾光司さんも入団するじゃないですか。北尾さんはいかがでしたか？

**折原**　北尾さんは誰も手がつけられませんでしたね。ちょっと子どもじゃないですか。

**玉袋**　「ちょっと」じゃなくて「かなり」じゃないかな（笑）。

**折原**　言ったら、ちょっとアスペルガーみたいな感じですから。ただ、パワーは世界一ですからね。新横浜の仮道場時代に来たんですけど、ボクがベンチプレスの補助に付いたときに北尾さんは重りが足りなくて怒っちゃって、バーベルをバーンと置いた瞬間、重すぎてバーベルの棒が折れましたからね。

**玉袋**　怪物だな。

**折原**　ボクは寮長だったんで、すぐに社長に電話して「北尾さんが『もっと凄い機械を用意しておけ！』って言ってます」って言ったら、もの凄いマシンが次の日に来ましたけどね。

**椎名**　さすが田中社長。仕事が早い（笑）。

**折原**　北尾さんが来たあと、ボクは天龍さんに「おまえはもう俺の付き人卒業だ。これからは平井をつけようと思う」って言われて、ちょっと寂しい気持ちと、肩の荷が降りた気持ちがあったんですよ。それで「ああ、これで自由だな」と思ったら違ったんです。北尾さんの付き人をやることになったんですよ。「折原ならできるだろう」って。

**ガンツ**　付き人経験者だから、横綱の世話もきっと焼けるはずだと（笑）。

**折原**　まあ大変でしたよ。1週間で決まったルーティンがあるんですよ。『週刊少年ジャンプ』をかならず発売日のこの時間に

買うとか、あと食べ物や飲み物も決まったものがあって。

**玉袋**　やっぱ、そこも子どもなんだな。でも、元横綱だから王様みたいなもんでしょ？

**折原**　そうですね。ボクが付き人になってすぐに「人って無言のサインを出してるから。俺がサインを出したときは絶対に気づけよ」って言われて。「どんなサインだろうな？」と思って1週間くらい観察してたんだけど、どこがサインだかわかんないんですよ（笑）。

**玉袋**　横綱時代は付き人が何人もいたわけだからね。それをナイフで脅したりしてたんだから。最後は女将さんを蹴っ飛ばしちゃうんだもんな。天龍さんも、北尾さんに対しては気を遣ってる感じだったんですか？

**折原**　天龍さんは北尾のことを「横綱」って呼んでましたね。プロレスの世界では遥かに後輩ですけど、「北尾」って呼ぶことはほとんどなかったと思います。天龍さんももともとは相撲の人なので横綱に敬意を持ってましたから。だから北尾さんが歳下で、レスラーとして全然下でも、ちゃんと横綱扱いをしていましたよ。そして北尾のほうは「天龍さん」って、さん付けで呼んでました。

**玉袋**　北尾さんのスパーリングパートナーは誰がやってたんですか？

**折原**　ボクですね。ボクはアマレスをやってたんで、足下からスイスイってバックに回ったりする動きができたんで、気に入ったみたいです。「相撲にはない動きで、自分にもこういう動きが必要だな」と思ったみたいで。ただ、捕まったが最後、もう動けなかったですね。

**玉袋**　ＳＷＳの道場マッチでは、北尾さんがいちばん強かったっていうのもあったよな。

**ガンツ**　大矢剛功さんが病院送りにされたんですよね。

**折原**　いま、ファンでも「ガチンコ」って言葉を知ってますけど、要は「プロレスにおけるガチンコの部分を見せてくれ」っていうことで始まったのが道場マッチだったんですよ。

**椎名**　田中社長のリクエストなんですね。

**折原**　そういう部分でちょっとやりすぎちゃったのかなと。

**椎名**　クレイジーな団体ですよね（笑）。

**折原**　そんな感じだから、みんな北尾さんとはスパーリングもやりたがらなかったんで、付き人の自分がやるしかないんですよ。

**「北尾さんが控室で子どもみたいに声を出してワンワン泣くんですよ。『俺は強いのにー！』って」（折原）**

**ガンツ**　神戸でのジョン・テンタとの不穏試合はいかがでした？

**折原**　あのとき会場にいましたけど、大騒ぎでしたよ。反則だかノーコンテストだかで試合が終わったあと、ボクが北尾さんを控室に連れて行こうとしたら、子どもみたいに暴れて。グルグルパンチですもん（笑）。

**椎名** 巨大な駄々っ子ですね（笑）。

**折原** それで控室に入れた瞬間、子どもみたいに声を出してワンワン泣くんですよ。「俺は強いのにー！」って。相撲でも番付は全然上だったわけじゃないですか？　だから「なんでだよー！」って見たか？　アイツ、俺にこんなことをしやがったぞー！」ってサミングのポーズをしながら。

**ガンツ** 自分からサミングを仕掛けたのに（笑）。

**玉袋** なんかかわいそうになってきたな。『泣いた赤鬼』だよ（笑）。

**折原** 小学生同士のケンカの仲裁に入ったような感じでしたね。

**玉袋** 北尾さんは、そのあとすぐ退団でしたっけ？

**折原** 天龍さんが収めて謹慎処分で済むはずだったんですけど、パライストラと道場・激が「もうダメだ！　危険人物だ！」って言って。北尾さんは一応レボリューション所属だったんで「天龍の責任だ」とか言い出して、結局、解雇処分になったんですよ。

**椎名** そうなんですか。

**折原** あのあたりから田中社長も嫌気が差してきたみたいで、「天龍しかいらない」っていうふうになってきたんですよ。

**ガンツ** たしか北尾vsテンタの3カ月後くらいに天龍さんがSWSの社長になるんですよね。

**折原** あのとき、すべて解体して天龍さんを中心に新しい団体にしちゃおうって感じもあったんですけど、天龍さんはそれをしなかったですね。「みんなにも家庭があるし」っていうので。

**玉袋** そこは天龍さんの男気で、なんとかSWSを続けようとしていたわけだな。

**ガンツ** でも結局、その翌年に解散になってしまうわけですよね。

**玉袋** SWSが解散して、天龍さんがWARを立ち上げるきっていうのは詳しい説明はあったんですか？

**折原** いや、ボクはSWSが解散するとき、メキシコ遠征に行ってたんですよ。

**玉袋** あっ、そうなんですか。

**折原** 若手の中原（敏之）ってヤツとふたりで忍者スタイルのタッグで「イガ」「コウガ」っていうリングネームで、テレビにも出て充実していたんです。それがある日突然、天龍さんから連絡があって「明日帰ってこい！」って言われたんですよ。でもボクはメキシコでもっとやりたかったし、ボクを海外に出してくれた（ザ・グレート・）カブキさんに「チャンピオンになるまで帰ってくるなよ」って言われていたんで「何があったんですか？　帰りたくないです」って断ったんです。

**玉袋** 最初の付き人のときに続いて、また天龍さんに言われたことを断って（笑）。

**折原**　ちょっと天狗になっていた部分もあったんですよね。ペソですけど、ファイトマネーもよかったし、テレビに出てチヤホヤされるし、向こうの試合にも慣れてきて楽しくなってきたし。ましてやアカプルコ、カンクーンとかのカリブ海でもテレビマッチが組まれるんで、もう楽しくて仕方がないんですよ。

**椎名**　カンクーンなんてリゾート地を知ったのは最近ですよ（笑）。

**玉袋**　カンクーンって最高だぜ。

**折原**　だって群馬からカンクーンですよ（笑）。

**ガンツ**　海なし県から世界有数のビーチリゾートですもんね（笑）。

**折原**　その海も最高レベルでカリブ海ですよ。「これだよ、海って！　このブルーだよ！」みたいな（笑）。それで「帰りたくない」って天龍さんに言ったら「おまえ、ずっとメキシコに置いておくぞ！」って言うんで、「何があったんですか？」って聞いたら「団体がもうなくなったから」って言われて、「えっ!?　じゃあ、帰らないといけないですね」と。それで帰りましたよ。

**ガンツ**　帰国した時点で、もうSWSがなくなってたんですね。

**折原**　日本の情報もあまり入ってこなかったからわからなかったんですけど、帰ってきたら本当になくなっていて。それで天龍さんがWARを作って、そのときの有名な言葉があるじゃないですか。「だまされたと思って、もう一度、俺についてきてくれ」って。それでみんなだまされちゃったんです。

**「じつはこういう刺青とかピアスも好きじゃないんです。悪役としてインパクトを与えるためにやっているだけで」（折原）**

**椎名**　だまされちゃったんですか？

**折原**　WARになってからは、天龍さんの男気の部分が変わってしまった気がしますね。

**ガンツ**　WARは、途中から天龍さんの義理の弟である武井（正智）さんが社長になりましたけど、そういったいわば嶋田家の家族経営になったことへの歪みたいなものがあったんですか？

**折原**　あの家族経営がダメだってずっと言われてたんですけど、まあそうするしかなかったっていう理由もありますし。でもボクからすればもっとワンマンで、「俺についてこい！」っていうのを最後まで突き通していれば、WARももっと大きくなっていたんじゃないかな、結束できたんじゃないかと思いますね。WARは旗揚げして2年くらいしてから離脱者がどんどん増えていきましたけど、天龍さんがずっと社長でトップだったら、それはなかったんじゃないかと思いますから。

**玉袋**　そのへんが難しいところなんだろうな〜。で、その後、WARと新日本の対抗戦か。

**ガンツ**　そうなんですけど、そろそろお開きの時間が来てしまったんですよね。

**玉袋**　まだ折原さんのレスラー人生、半分もいってねえじゃねえか（笑）。でも前半が濃厚すぎた！　全日本、SWSだけでいろいろありすぎだもん。

**ガンツ**　なので、反選手会同盟との抗争とか、Uインターでの桜庭和志戦とかはまたの機会ということで。

**玉袋**　トンパチマシンガンズとか、いろいろあるもんな。いや～、でも今日は折原さんを見直しましたよ。

**折原**　今日は素直にいろいろ話をさせてもらいましたけど、あんまり本当のことをしゃべっちゃうと、折原昌夫のイメージがちょっと変わっちゃうかなって（笑）。

**椎名**　いや、本当に印象が変わりました。

**折原**　じつはこういう刺青とかピアスも好きじゃないんですよ。

**ガンツ**　そうなんですか!?（笑）。

**折原**　痛いし、今日も職務質問されるし。

**玉袋**　健康ランドもなかなか行けねえもんな（笑）。

**折原**　好きじゃないのになぜこういうのを入れてるかというと、ボクのことをまったく知らない地方や海外で試合をしても、ボクがこの見た目で出ていけば「あー、悪役だ！」ってわかるじゃないですか。そういうインパクトを与えるためにやっているだけで。

**椎名**　独特な美的センスを持ってますよね。

**折原**　そうですか？

**椎名**　そこがハマってるからカッコいいんじゃないかなって。

**折原**　だから試合のときはドレッドヘアーにしてるんですけど、あれもシャンプーもできないし汚いんで、普段はこうして結んであるんですよ。べつにあれが好きなわけじゃないですから。

**玉袋**　プロだな～！

**折原**　やっぱりプロレスラーなら花道から出てきた瞬間から、雰囲気、目線とか、いろんな面で魅せる必要があると思うんですよ。最近の若い選手ってあまりそれがないのかなって。だからお客さんが折原昌夫を観たとき、試合を観ながら「あの髪、いつ洗ってるんだろ？」とかプロレス以外のクエスチョンもあっていいと思うんですよ。それとか「あれ、ピアスしながら試合してるけど、危なくねえか？」とか。そういういろんな要素が頭を駆け巡りながら観てもらえたら、もっとおもしろいんじゃないかなと思ってやっているだけなんで。

**椎名**　凄い考えてるんですね。

**折原**　でも、こういうネタばらしみたいなことを言っちゃうと、いままでヒールでやってきたイメージが水の泡になってしまうかとも思うんですけど。まあ、かなりバレてるんで、いいかなって（笑）。

**椎名**　あと、これだけは本人に伝えたかったんですけど、折原

さんのオリジナル技のスパイダー・ジャーマン。あれはめちゃくちゃクリエイティブでカッコいいです。凄くいいアイデアだなと思って。

**折原** なんかあの技は、アメリカだと「オリハラ・ジャーマン」って呼ばれてるらしいんですよ。

**玉袋** それは凄い。脇固めが「フジワラ・アームバー」って呼ばれるのと同じだよ。

**椎名** キムラロックみたいなもんですよね。

**折原** ボクはIWGPジュニア王者にはなれませんでしたけど、そういう形で自分の名前がプロレス界に残るのはうれしいなって思いますね。

**玉袋** 若い頃、プロレス団体を何度も門前払いされた男が、世界のプロレス界に名を残すんだから最高だよ。折原さん、今日はありがとうございました！

第105回

# 10・27QUINTET後楽園ホール大会を観戦して思ったこと

椎名基樹

椎名基樹（しいな・もとき）1968年4月11日生まれ。放送作家。コラムニスト。

10月の終わりに開催された「QUINTET」後楽園ホール大会を観戦した。

南スタンドからすり鉢の底を見下ろすと、床一面に敷き詰められた白いマットがライトに照らされている。もちろんロープは張られていない。こんな後楽園ホールの光景は初めて見た。舞台装置の新しさが、これから行われることの先進性を象徴しているようで興奮を覚える。

レニー・ハートのコールとともに、チーム戦の5人が列をなして入場してくる。整列した選手たちは皆気迫がみなぎっている。その姿は非常に感動的だ。格闘技は一様にこの戦闘前の闘志に感動を覚えるものだ。しかしQUINTETのそれはどこか雰囲気が違う。悲壮感がない。選手たちは武者震いし、闘う喜びが身体から発散されている。

マット上で繰り広げられる闘いのありさまも独特だ。サブミッションで一本取った選手は喜びを爆発させてガッツポーズをする。その姿はまるで最後のバッターを三振で切って取ったピッチャーのようだ。その選手が仲間のもとに駆け寄り、もみくちゃにされて祝福される姿は、一転、サヨナラ勝ちのホームインをしたランナーだ。またサブミッションを取られて泣き崩れる選手の姿は、サヨナラ負けをしたピッチャーのようである。QUINTETにはボールゲームスポーツのような爽やかさがある。

格闘技はバイオレンススポーツだ。バイオレンスは格闘技の最大の「売り」である。しかしその「売り」のせいで犠牲にしているものも多い。この「爽やかさ」もそのひとつだ。バイオレンスを排除し、スポーツの爽やかさを獲得したところが、QUINTETのもっともユニークな部分だと思う。私はそこに可能性を感じる。時代に合っているように思える。

ただ今回の興行で、私はいくつかのフラストレーションを感じた。

選手入場の前に流される、冗長な「煽りV」には辟易とした。会場の私の周辺の観客にとっても「スマホタイム」だったようだ。とにかく早く闘いが観たいのだ。インタビューなんて聞きたくない。それは配信コンテンツを観ていたとしても同じだろう。杓子定規に煽りVの「悪習」を引き継ぐ演出側の感性は鈍い。

ルールも納得できないところがあった。団体戦では、時間内に一本取れなければ「両者脱落」となる。4人目まで「両者脱落」が続いた場合、大将戦のみ判定で決着がつけられる。その勝敗がチームの勝敗となる。

なぜ大将戦のみ判定が導入され、他の試合は「両者脱落」なのか、その整合性が私には見出せない。これはあきらかに「ワンナイトトーナメント」を成立させるためのご都合主義のルールだ。もし、数チームが参加したリーグ戦であったならば、引き分けは引き分けのままであっただろう。

QUINTETの「売り」は、勝者が勝ち残り試合を続ける「抜き戦」であることだ。しかし、達人たちが集まった闘いなので当然「両者脱落」が多くなる。先鋒の試合から判定が導入されれば「抜き戦」の醍醐味がより発揮されると思う。

「両者脱落」ルールが採用されているのは、QUINTETはあくまで一本取ることが目的であり、ポイントを取ることが目的の闘いになることを防ぐためだろう。しかし結局のところ大将戦の判定で勝敗が決められるのだ。

QUINTETルールでは「指導」を3つもらうと選手は失格となる。つまり負けだ。たいていの場合両者に「指導」が与えられる。しかし片方の選手だけに「指導」が与えられた場合、次の「両者指導」で、一方に3つの指導が積み重なり、負けが確定するシチュエーションが出現する。

実際に今大会でもこのシチュエーションがあった。しかしこのシチュエーションでは、さすがに審判も「両者指導」を出しにくそうだった。そもそもそんな尻切れトンボな結末を観客が許容できるだろうか？ そう思って観ると「指導」が非常に形骸化しているように感じられた。

そもそも判定がないルールにおいて、全局面で「指導」が成立するだろうか？ 仮にバックマウントを取って、足4の字で胴を固定し、裸絞めを狙い続けるとする。攻撃を受けているほうは守るしかない。この場合、防御する選手に「指導」が与えられるのだろうか？ さらに5分間この体勢が続いたら、防御に徹する選手に「指導」を3つ与えて負けにすることができるのだろうか？

それとも「指導」とは、両選手の攻防が拮抗状態においてのみ発動されるのだろうか。もしそうだとしたら、拮抗状態においてのみ「指導」があり、一方が圧倒的に優勢または劣勢の場合には「指導」がないというのはダブルスタンダードであり、それがスポーツのルールと言えるだろうか？

このQUINTETの「指導」をめぐる矛盾は、このスポーツが判定を導入すべき根拠にはならないだろうか？

興行が終了し帰路についた。現在はコロナ下なのでエレベーターは使用禁止で、後楽園ホール名物の落書きだらけの階段を降りた。階段入り口ですれ違った女の子のふたり組がかわいかったので、よく見てみるとふたりとも「CARPE DIEM」のパーカを着ている。柔術を習っている女の子たちらしい。同じ服をキムタクも着ていたな。「これはいままでの格闘技興行では見なかった光景だわ。新しいわ」と感心した。

彼女たちは、これまでに後楽園ホールに来たことがあっただろうか？「越中」とか「玉田りえ」とか、その他レスラーの名前や下品な言葉が書き殴られている階段の壁を見てどう思ったのだろう？

QUINTETは新しい。可能性がある。しかし、改善していく余地があるように思える。

# THE PEHLWANS

[ Tomoo Gokita ]

LATIN
PEHLWANS
Tシャツ

*https://thepehlwans.stores.jp*

# SHINSUKE NAKAMURA SECRET

KAMINOGE 出張版

中邑真輔の秘密の会員制オンラインサロン

## 第1回　カッコいい男とは？

――今日は会員の方たちからいろいろなお題をいただいていますので、そこからテーマを拾っていきたいと思います。まず「中邑さんの思うカッコいい男とは？」。

**中邑**　それはボクじゃなくて女性から聞いたほうがいいんじゃないか？　って思いますけどね（笑）。

――普通はそっちの目線からのほうが知りたいですよね（笑）。じゃなくて、これは「男として、こうありたいと思う像」じゃないですか？

**中邑**　カッコいい男か。みんな、それぞれにカッコいいんですよね。自分が持っていないものを持っている人はみんなカッコいいなと思っちゃいます。ちなみに最近よく見るカッコいい男はですね、ウチにキッチンリフォームに来てくれている業者の方たちがカッコいいなと思いますね。俗に言う作業員の方。

――いわゆる職人さんですね。

**中邑**　職人さんです。大工さんもそうだし、電気工事士もそうだし、塗装専門にやっている人とかもそうだし。やっぱアメリカなんで若干仕事はあらいんですけど（笑）、それでも自分が知らない技術とか、「この電気配線の工事、どんな機材を使って何ペアなのか測ってるんだろう？」とか見ているとおもしろいですよね。ちゃんとしっかりと知識と経験を身につけて、手に職を持っている人の仕事を見るのが好きですね。

――やっぱり職人あこがれはありますよね。

**中邑**　職人あこがれはありますねえ。

――普段、完成図の見えないことをやっていると、余計にそう思うのかもしれないですね。

**中邑**　たとえばレスリングは対戦相手とふたりで作るものだとして、ボクの頭の中で考えている試合の完成図と、相手の完成図のイメージが合致しないこともあるし、だけど、それがぶつかったときのほうがおもしろかったりもするし。そのぎこちなさが空気感の歪みを生み出して、それがよくなることもありますからね。

――だけど職人たちはみんなで同じイメージを共有して作っていくっていう。

**中邑**　だからボクも日曜大工とかするじゃないですか。鉛筆で木の板に線を引くんですけど、この線を消すように切ったほうがいいのか、それとも線を残すように切ったほうがいいのかで、同じ板を作ろうとしても若干サイズが変わってくるじゃないですか。もうホームセンターにでも行って切ってもらったほうがいいんでしょうけど、あこがれが強いのでなんとか自分でやろうとしちゃうっていう（笑）。

（※11月11日配信のポッドキャストより一部抜粋）

### 中邑真輔の日々のあれこれや『KAMINOGE』井上崇宏とのポッドキャストも配信中！

CAMPFIRE Community（https://community.camp-fire.jp）にて［中邑真輔］で検索すると『SHINSUKE NAKAMURA SECRET』にたどり着きます。
会員のみが共有できるサロンの中身は絶対にSECRETがルール。いますぐチェックしてみてください。
※Facebook非公開グループにて運営を行っているため、参加にはFacebookのアカウントが必要となります。

聞き手：井上崇宏

坂本一弘

# 馬乗りゴリラビルジャーニー（仮）

第4回
## ひとつのことをやり続けるのは動物的である

構成：井上崇宏

（さかもと・かずひろ）
1969年3月4日生まれ、大阪府大阪市出身。
修斗プロデューサー/株式会社サステイン代表。

——今回はまず、ずっと先送りにしていたこの連載のタイトル問題です。いまだに「(仮)」とさせていただいていて（笑）。

**坂本**　やっとその話を振ってきたか……。こっちはもう手ぐすねを引いて待ってましたよ（笑）。ということは今日、正式なタイトル候補をいくつか持ってきたんですね？

——いえ、ないです。

**坂本**　えーっ!?（笑）。

——いまのタイトルが『馬乗りゴリラビルジャーニー』（仮）ですけど、「(仮)って入れておけ」って言ったのは坂本さんの信念ですよね（笑）。

**坂本**　まあ、ささやかな抵抗ですよ。仮も何も載せちゃったらもう一緒ですから（笑）。毎号、締め切りがあって大変なのはわかりますけど、1回出たら次のケツカッチンまでにだいぶ考える時間があるわけですよね？

——すみません（笑）。

**坂本**　俺はやっぱり井上さんのコピーライターとしての腕が見たい。「井上さん、それはすげー!」って言いたい。

——その手でヒザを叩きたいと。

**坂本**　ついでに座布団なんかも持ってきてね、乗せてあげたいくらいなんですよ。

——でもボク、コピーライターではないんで（笑）。

**坂本**　えーっ!?　でも表紙とかのキャッチを作るのもうまいじゃないですか。ウォリアーズはネズミなんか食ってもいないのに。

——いえ、食ってます。食ってるとこを見ました。そもそもボクはいまのタイトル、全然気に入ってるんですよね（笑）。

**坂本**　えーっ？　じつは俺、そんなにピンとは来てませんよ。

——えーっ？　坂本さん、今日はちょっと機嫌が悪いですか……？

**坂本**　普通っていうか、むしろめちゃくちゃいいよっ！（笑）。

——あー、ならよかったです（笑）。いや、今回は奇しくもタイトルを変えるいいきっかけではあるんですよ。

**坂本**　どうしたんですか？

——坂本さんは1991年に横浜のジムに移籍をされるじゃないですか。つまりゴリラビルは関係なくなるっていう（笑）。
**坂本**　なるほど（笑）。ようやく話の続きにできますけど、要するにプロデビューして3連勝して、その後3連敗して自分的に調子がよくなかったというのがあって。まず、三茶のジムがゴリラビルから隣のビルに移ったんですよ。それから今度は鷺沼になったんですね。それで三茶のタイガージムは週7日開いてましたから毎日練習に行ってもよかったんだけど、鷺沼ジムは週3日というシステムだったんですよ。
――横浜の前に鷺沼所属だった時期があるんですね。
**坂本**　これは言い訳じゃないんですけど、タイトル戦に負けたときっていうのは練習できたのが週3回だったんですよ。それで合宿に行ったときに佐山先生から「横浜ジムを作る」って話を聞いたんですね。「横浜?」と。もうこっちは矢沢が鳴るじゃないですか。なぜだかわかんないけど（笑）。
――永ちゃんは広島から上京してくるとき、一瞬の閃きで手前の横浜で降りましたからね（笑）。
**坂本**　それでボクが佐山先生に唯一頼んだこと、交渉したことというのがあって、それが「先生、ボクを横浜ジムに行かせてください！」という。
――直訴したんですね。
**坂本**　そうしたら先生が「だっておまえさ、みんないなくなったら鷺沼が困るだろ」って。そういう問題ではないじゃないですか（笑）。こっちはプロとして切実なので「先生、本当にお願いします！」って言ったら「まあ、鷺沼は桜田（直樹）と大原（友則）がいるからいいか」って。まあ、のちに桜田さんも木口道場に行っちゃったんですけど（笑）、それでボクと川口さんが横浜ジムに移ったんですよ。それで家も三茶から横浜に引っ越しましたね。
――じゃあ、移籍に関しては特にきな臭い何かがあったわけではなく、「練習がもっとしたい」という（笑）。
**坂本**　そうです（笑）。それで横浜に移って、3月くらいに朝日（昇）さんとやって勝って、次に田中健一に勝ってベルトを獲ったって感じですね。
――移籍した年にすぐに結果を出して。当時、同階級にプロ選手は何人くらいいたんですか？
**坂本**　何人くらいかな？　そんなに多くはなかったと思いますよ。7～8人とかじゃないですかね。
――でも修斗のプロ選手であること自体が選ばれし者だったわけですよね。
**坂本**　会員登録数が2000人くらいいて、初代シューターに認定されたのが20人ですから。そこに〝あの映像〟とかもあるからみんな続かないっていうのもありましたよね。
――TBSの合宿映像（笑）。
**坂本**　いまだに語り継がれているので、あれはインパクトとしては成功だと思うんですけど、やっぱり修斗のハードルは上げましたよね（笑）。
――あんなの観たら絶対に自分もやろうとは思わないですもんね（笑）。
**坂本**　でも「選ばれし変人」っているわけで、当時、残った人たちはみんな癖があるというかどっかおかしいんですよね。前にも言いましたけど、あの合宿の練習自体はそこまで厳しくはないんですよ。15人くらいで6時間ぶっ通しとかだと肉体と精神の両方が厳しかったと思いますけど。映像としてのインパクトはありましたけど、練習密度としてはそこまでじゃないです。

――ベルトを獲ったら、当時の心境としては「俺は最強だ」ですよね?

**坂本**　いや、そういうことは思わずに「責任を果たせた」っていう意味でいったんホッとした感じですよね。みなさんが「アイツはチャンピオンになる」とどこかで思ってくれていたなかで、その役割を果たせたっていう。チャンピオンになったことがうれしかったかどうかで言えば、そんなに手放しで喜ぶタイプの人間でもないので、「やったー!」っていう感じではなかったですよね。うれしいことはうれしいし、「やったな」とは思うんだけども、負けている相手に勝ったというだけのことなので。

――さらに言うと、総合格闘技のチャンピオンになると、空手やキックボクシングなどいろんな格闘技があるなかで、それらすべてのジャンルを含めても「絶対に勝てる」という気分なんですか?

**坂本**　「勝てる」ということじゃなくて「勝たなければならない」ですよね。ボクはずっと勝負論でやってきているから「勝てる、勝てない」という勝負には、いろんなものが加味されるわけで、どんなルールでやるのかでまた違ってくる。「ただし、修斗のルールでやるかぎりは絶対に勝たなくてはならない」という。先生が常々言っていたことも「キックボクサーにもキックで勝てるぐらいの技術があったり、プロボクサーに勝てるぐらいのボクシング技術があったり、柔道家に寝技で勝てるような技術があるのが理想だ」と。そこは絶対に目指すべきなんですよ。あるひとつのジャンルを作るときってテーマというものが絶対にあるわけじゃないですか。それこそ極真なら「絶対にうしろを見せない」とか「一撃必殺」とか。だから最低限、「誰とやっても怖くない」というのはもちろんですし、佐山先生自体が思考的にはそうだったから、ボクもたぶんそっちの方向に向かったとは思うんですけど。とにかく「修斗というジャンルを究める」ことを先生は目指していましたからね。

――「打・投・極」。

**坂本**　たとえば、UWFのときに佐山先生のもとに「ロブ・カーマンとやらないか?」という話が黒崎健時先生経由で来たことがあったらしいんですよ。そのときも先生は「いまはシューティングをきちんとやる時期なので、そういうことはやりません」と答えたと。このことを世間的にはどう捉えられか、みんながどう言うのかは知りません。でも、それは先生の「異種格闘技戦の時代はもう終わる。総合格闘技というジャンルを確立するべきなんだ」というひとつの方向性の表れだと思うんですよ。

――そこは頑なでしたよね。

**坂本**　そして、のちにムエタイの選手を呼んで試合を組むとか、オープントーナメントを開催して他ジャンルからも出場させたことも、先生の中では「オープンにしたときに修斗は競技としてさらにもっと先に進む」という判断をされたんでしょうね。そういうタイミングというものを先生は常に見ていた気がします。鉄のカーテンを敷いてマスコミをいっさいシャットアウトして試合をやったりもしたし、レスリング道場や文化祭で試合をやらせたこともあった。その前段階にはアマチュアのスタートがあった。アマチュアもある、プロもある、修斗全体のヒエラルキーをまず作り、競技としての基盤をすべて作ってからオープンにしたんです。

――坂本さんの中では、佐山さんの行動はすべて辻褄が合っていたわけですね。

**坂本**　だから、よく先生のことを「10年先をいっている」と評していますけど、歴史的に見ても、焦ることなくきちんと順序を踏んで行動を起こしていますからね。それはやっぱり佐山先生が自分自身では競技をやらなかったことが大きかったと思います。「自分はもうやる側じゃない」と離れた。あの徹し方があったからこそ競技の確立ができたし、修斗が現在もきちんと存在しているとボクは思っています。だから、先生はなんだかんだで猪木イズムだけど王道なんですよ。

――あっ、たしかに！　決してカウンターではないという意味では王道ですね。

**坂本**　確固たる信念があり、やると決めたらそれだけをきちんとやるっていうね。

――それって格闘技にかぎらず一般社会でもあてはまることで「自分は本来、何をなすためにこの仕事をしているのか？」ってところにぶち当たるときってあるじゃないですか。

**坂本**　あとは「何が好きなのか？」ですよね。時間が経つといろんなものを見失って、やり始めた頃のことを忘れちゃったりするんですよね。

――「会社も10年、20年やってると何屋なのかわからなくなってくる」とはよく言われますし。

**坂本**　往々にしてありますよね。それと、生きていくことと闘うっていうことはイコールかもしれないし、違うかもしれないという。生きることがすなわち闘うことだっていう考えもあるだろうし。ただ我々は「ライフラインを確保するために闘って、嫌な目にあってもがんばっていく」っていうこととは違うところで闘っている部分があるんでね。

――まさにそうですね。

**坂本**　ずっと同じ思いでやり続けられるっていうのは幸せなんですよ。

――たしかにそれができるのって確率的にも凄く低いと思いますし、メシを食うためにはいくらでも変化し続けるっていうのもひとつの正解ではあるでしょうし。

**坂本**　でも、ひとつのことをやり続けることって動物的なんですよね。ルーティンワークをきちんと守るってことですから。動物は基本的にはそうじゃないですか。無駄な殺生はしないとか。

――たしかに動物的と言われたらそうかもしれないですね。

**坂本**　そういう意味で言うと、人間が本来持つべき体質であるのかもしれないですね。いやいや、それよりタイトルはどうするんですか。

――ちょっと今日は持ち帰らせてください（笑）。

**坂本**　また先送りか……。

# TARZAN by TARZAN

ターザン バイ ターザン

TARZAN YAMAMOTO

INTERVIEW SERIALIZATION

**はたして定義王・ターザン山本！は、ターザン山本！を定義することができるのか？「ハッキリ言って重かろうが軽かろうがこれが事実だから。会社を辞めた時点で収入が３分の１になったわけですよ。だから彼女は俺を見切ったんですよ。事実は事実なんですよ。起こった事実を隠すことはできないんですよぉ！」**

VOL.017

絵　五木田智央　聞き手　井上崇宏

第十七章

# 二度目の離婚

## 「おかしいなと思ってパッと見たら家に誰もいないんだよ。『公文式に子どもを迎えに行ったのかな？』と思ったんだよね」

――会社でも家庭でも粗大ゴミ状態になっていた山本さんが完全にベースボール・マガジン社を退社して、そこからいろんなことが起きるわけですよね。

**山本**　まず双葉社が俺のところに来たんですよ。加藤さんという俺の知り合いなんですけど、「プロレスの週刊誌をやるから編集長になってくれ」と。ビックリしたもんね、俺。

――それはちょっとわかんないですね。状況が見えてるのか、見えてないのか。

**山本**　それで俺は「やるとしたら新日本プロレスとコレ（握手）をしないとできないんだよ。コレが前提だよ」と言ったんよ。

――いくら版元が変わろうが、媒体が変わろうが。

**山本**　うん。でも、コレをやってもいいけど、それじゃ単に新日本を持ち上げる雑誌になるから意味がないんですよ。だけど向こうは「スタッフも全部揃える」とかってそこまで言ってきたよ。でも俺は現実的に無理だっていうので断ったんよ。

――そのモチベーションもないし。

**山本**　モチベーションもないし、やるつもりもないし。もう活字プロレスがないんだから。

――その話が来たのはいつぐらいのタイミングですか？

**山本**　週プロの編集長を辞めてすぐ来たよ。

――じゃあ、恒文社にいるときですか？

**山本**　うん。

――双葉社ってそういう意味ではイケイケですね。

**山本**　イケイケですよ。熱いよね。あそこはなんのしがらみもないから。

――完全にフリーランスになってみてどうでした？

**山本**　収入はガタ落ちですよぉ！　定期収入もないし。

――そうこうしてるうちに、家がもぬけの殻となった日がやってくるわけですね。

**山本**　文化放送で『尾崎・ターザンのロボタッグ』っていうラジオ番組を尾崎魔弓とやってたんだよね。あれは尾崎を応援していた堺屋太一さんがスポンサーで、堺屋さんから「尾崎をメインにしたラジオ番組を作りたいんだけど尾崎ひとりだとしゃべることができないから、フォロー役としてついてもらってふたりで番組をやってくれないか？」って頼まれて。そのためにはスポンサーもつけなきゃいけないんだけど、先生はああいう人だからバックボーンがあるわけよ。だから名古屋のダイコク電機という会社をスポンサーにつけて、お金を払わせて、番組を作ったわけですよ。ダイコク電機はもともとJWPのスポンサーでもあったわけですよ。

――そうなんですね。

**山本**　その収録をするために俺は18時頃に家を出たんですよ。「行ってきまーす！」という形で。暑い日でしたよ！

――夏だったんですね。

**山本**　8月14日。終戦記念日の前の日ですよ。それで家を出て行って、20時頃に収録が始まって、終わるのが21時半くらいですよ。それで何時頃に電話をしたのかな？「今日はメシはいいや」って電話したんだけど、そのときはいたんですよ。

――電話は自宅にしたんですか？

**山本**　自宅ですよ。いたんですよ。それで結局22時10分頃に家に帰ったんですよ。それでまず俺がいちばんビックリしたのはね、扉をパッと開けたら閉まってないんよ。

――玄関のカギが開いていた？

**山本**　うん。おかしいなと思ってパッと見たら、家に誰もいないんだよ。まあ、要するに……。

――要するに？

**山本**　「公文式に子どもを迎えに行ったのかな？」と思ったんだよね。それで2階のところに猫部屋があってそこに11匹くらい猫がいたわけですよ。でも猫もいないんよ。

――「あれ？」と。

**山本**　だからまず猫のことが心配になって、バカだから家のまわりを探したんですよ（笑）。

――そこまで愛猫家でもないくせに。まだ何も気づいてないんですね。

**山本**　それで人間も猫も誰もいないので、「えっ、これは何か誘拐事件でもあったんか？」と思ってさ。「さらわれたのか？」っていう不安がそのとき出たんですよ。でも玄関のカギがかかっていないというのは、俺が帰ってきたときにカギがかかってないと困るっていうので彼女が開けていったんだよね。

**「家自体がマチュ・ピチュの遺跡みたいなんよ。もう跡形もないわけですよ。時間が消えたわけですよ」**

――山本さんは普段カギを持ち歩いていなかったと。

**山本**　うん。それで猫の病院に行ったりとか、公文のところに見に行ったりして帰ってきたわけですよ。そしてもう一度冷静になって家の2階に上がって俺の部屋をパッと見たら、そこに貯金通帳と離婚届が置いてあったんよ。そこで初めて事実が頭の中にガチャッと入った。

――「家出したんだ」と。

**山本**　で、貯金通帳に20万円。

——少なっ！（笑）。

**山本**　挟まってたんよ。

——あっ、現金が。

**山本**　そう。それで貯金通帳の残高には50万円が入ってた。「家のローンでボーナス月に50万円の支払いがあるから、それを入れておきます。20万円はとりあえずの生活費にしてください。あなたにはいろんな仕事があって食べていけるから大丈夫ですよ」ってことが書かれてたんですよ。

——大丈夫じゃねえよ！（笑）。

**山本**　そのときはさすがの俺もショックを感じたねえ。俺のいままでの人生で受け身を取れなかった初めての出来事ですよ。

——マットに頭から落ちた。

**山本**　脳天をバーンと打って、一瞬失神したみたいな。俺、受け身に失敗した。ガーン、ガーンと衝撃を食らって、パッと落ちた瞬間に目が点になって終わったというね。つまり、その事態をどう理解していいのかわからないわけですよ。

——聞いてて胸が苦しくなってきた……。

**山本**　次の瞬間に俺はパッとまわりを見たんですよ。そうしたら家自体がもうマチュ・ピチュの遺跡みたいなんよ。いままでそこに存在していた人がもういないわけでしょ。跡形もないわけですよ。だからもう時間が完全に止まった、時間が消えたわけですよ。その消えた時間の中に俺がいるわけですよ。

——げげっ！

**山本**　日常生活っていうのは時間とともに生きているわけでしょ。でも、そこには時間がないわけですよ。ビックリしましたよ、俺。「あっ！」と思って、壁が壁に見えないんよ。モノに見えるんですよ。コーヒーカップがコーヒーカップに見えなくて、モノそのものに見えるんよ。「これはエライことになったな……」と思ってね。「これは鬱になってしまうな」と。予定調和した天井だとかコーヒーカップだとかに包まれた日常生活を送っていたのに、それらがすべて機能を失って、時間がなくなっちゃって、もう行き場がなくなるから俺はズドーンと落ちそうになったんよ。だからベッドで寝ていても、日常生活の中にいる風景がなくて、天井を見てるとか本棚を見てるっていう感覚が俺にはないんよ。全部奪われてしまったんよ！

——鬱だ。

**山本**　時間が無の状態ですよ。その中に放り出されたわけ。だからもう対応できないんよ。でもそのときに考えたんよ。「これを打開する方法はないか？」と。そこで初めて活字プロレスが活きたんですよ！

——まさに活字！

**山本**　「どんなことに対しても受け身を取れ」という。何が起こっても受け身を取って、その事実を反転させる、逆転させる、変えるということが必要だなと。そう思ったときに「アウトプットしかない！」と。要するに、俺はいま無の中に生きていて、全部丸ごとやられたんだけど、いまあるこの事実をアウトプットすればいいなと思ってさ、その瞬間にあらゆる友達に「かみさんが逃げた！」って電話をしたわけ。

――速報を打った（笑）。

**山本**　それでベースボールの社長にも電話をしてね。そうしたら、みんな同情しないでうれしそうにするんだよね！（笑）。

――小躍りしちゃって（笑）。

**山本**　それで俺は救われたんよ。そこで同情をされたりすると俺はさらに落ちたと思うんですよ。だけど電話の向こうではみんな笑ってるわけですよ。おもしろがってるわけ。「おまえ、逃げられたのか！」って（笑）。

――電話を切った瞬間にみんなもいろんなところにかけたでしょうね（笑）。

**山本**　いくら俺がその事実を黙っていたとしても、どうせバレるわけですよ。そして噂が広がると俺は負け犬になるわけですよ。それだったら自分から先に言ったほうがいいじゃない。だから、おしゃべりな連中全員に俺は電話して、それでスーッとしたわけですよぉ。

――電話をしまくったのはその日の夜ですか？

**山本**　その日の夜と、明くる日。それを思い立ってすぐにやったことで、自分の中にあるものを吐き出したから俺は正常に戻れたんですよ。

――まさに活字プロレスに救われたと。

**山本**　一瞬の出来事ですよ！

――すぐに生還したんですね。

**山本**　もし、あれをやっていなかったら、俺は鬱病で夢遊病者となって自殺するか、精神病院に入ってたよ。それで、ぶんか社が俺の本を出したいって言ってきていたので、それを書かなきゃいけないっていうのもあって回復したんですよ。

**「浅草キッドのふたりにはお世話になったけど、やっぱり俺は活字人間だから芸人には向いていないわけですよ」**

――『往生際。』でしたっけ。

**山本**　そうそう。それと玉ちゃんと水道橋博士の浅草キッドが俺を舞台に上げたりね。あの人たちが何回も俺を使ってくれたんですよ。『浅草お兄さん会』っていう芸人の集まりがあって、そこにハチミツ二郎ちゃんとかU字工事とか、いま有名になっている芸人が山ほど出ていたわけですよ。だから、あそこで玉ちゃんと水道橋博士は俺を芸能界に売り出そうっていうことでやってくれたわけじゃん。鈴木なんとかっていう化粧をした女の人がいたでしょ。歳を取った人で。

——あっ、鈴木その子。

**山本**　当時、浅草キッドのふたりは鈴木その子を売り出して成功していたんですよ。

——それで「ターザンも復活させてやろう」と。

**山本**　でも俺自身はやる気がないわけですよ。乗っかって付き合っていて、もちろんおもしろかったんだけど、やっぱり俺は活字人間だから芸人には向いていないわけですよ。

——たしかに。

**山本**　あくまでも俺は活字人間としてしゃべったりするから、ウケているようで大衆にはウケないっていうね。もうギャップだらけで。

——「活字をやっている人間なのにこれだけおもしろい」という評価であって。

**山本**　でも俺は浅草キッドのふたりにはお世話になったし、恩があるし、俺を救ってくれようとしたのは間違いないことで、ありがたいんだけど。だって、ビートたけしさんが忙しいってことで『ビートニクラジオ』に俺がたけしさんの代わりで出たりね。

——「ビートたかし」で（笑）。

**山本**　あの人たちはそこまでやってくれたんだよね。だけど俺はモノにならなかったわけですよ。それはあのふたりにも申し訳ないなと思っているんだけど、こっちも人生のモチベーションが落ちてるからね。もう週プロでやりきってるから。

——お笑いというハレの舞台ではミスマッチだったというか。

**山本**　それとテリー伊藤さんも俺をラジオで使ってくれたりしてたんで、なんとか生活はできたわけですよ。

——もう生活さえできればそれでいいと。家族がいなくなったとき、そのことを近所さんのおばちゃんたちにも言って回ったんですよね？

**山本**　まわりの人たちは普通の人だから話とか合わないよね。かみさんはもの凄く派手な格好をしてたから近所で浮き上がるし、世間的な会話ができないんですよ。だけどまわりの人たちは世間的な会話をしているんですよ。それがおばちゃん同士の井戸端会議でしょ。そんなところに彼女は加わることができないから孤立していたわけですよ。だから近所の人たちは彼女のことを変な目で見ていたと思うよ。

——普段は近所付き合いはなかった感じですね。

**山本**　ないですよ。ウチの隣の人は猫が好きで、こっちの家は創価学会、あっちには習字の先生がいたりとかさ、その一角の中に俺はいたわけですよ。猫好きのおばちゃん、創価学会、習字の先生、あるいは印刷屋の旦那さん。

——同じことを2回言わないでください。

**山本**　それで俺はおばちゃんにちょっと聞き込みをやったのよ。そうしたら「1週間前におたくの家の前に段ボール箱が

10個くらい積み上がってたのよ」って言われて「えっ!?」と。全然気づかなかったんですよ。でも「あれ、ちょっと待てよ……」と。そういえば数日前に家を片づけて掃除してたんですよ。掃除嫌いの彼女がそんなことするわけないと思っていたんだけど、そこでパッと気づいたんですよ。家が片づいてることを俺は善意だと解釈していたわけですよ。「あっ、掃除を始めたな」って。でも、それは逃げるためにモノを運んでたんよね。それで俺はすぐに宅急便に電話をして、「ここの住所の者だけど、最近来たよね？」って聞いたら「行きました」と。で、「その伝票をFAXで送れ！」と言って。

――送り先はどこだと。

**山本**　そうしたら足立区だったわけですよ。

――足立区某所。

**山本**　それで俺はすぐに本屋に行って、足立区の地図を確認したら「ああ、そうか。○○だな」と。○○の駅から歩いてここだっていうのがわかったわけですよ。それで俺はタクシーを飛ばして行ったら、ウチとめちゃくちゃ近いんだよね。それで「えーっ!?」みたいな（笑）。

――隣町（笑）。

**山本**　バスも出てるし、なんなら自転車でも行けるわけですよ。それで行ったらさ、大通りを渡ったところで曲がりくねっていてなかなか見つからなかったんだけど、ついに見つけたわけですよ。ビックリしたよ。3階建ての新築ですよ。

――まあ、70万しか置いていっていないですからね。それで

**山本**　それでパッと表札を見たら、名前が3つあるんよ。「なんだこれは!?」と。

――苗字が？

**山本**　苗字が。「苗字が3つあるっておかしいな」と思ってね。で、そのひとつに彼女の旧姓の名前があるんですよ。

――まだ離婚届も出していないのに。

**山本**　それと陶芸教室の名前が書いてあったわけですよ。彼女は前々から俺と別れることを決意していたと思うんだけど、渋谷の陶芸教室に通ってたんよ。そのことを俺は知らなかったわけ。そういえば、お皿を窯で焼く、その窯が家にあったんよ。それで俺は「ああ、そうだったのか」と思って。

――「なんか窯があるな」っていう程度に見ていたわけですね（笑）。

**山本**　無神経なわけですよ。彼女は昔から絵を描くのがうまいんですよ。だから紙プロの連載でイラストを描いていたり、絵を描いた皿を馬場元子さんにあげたりとかしていたわけですよ。俺はそういうのはまったく感知していなかったんですよ。それで陶芸教室をやってるなっていうのはあとでわかったんですよ。とにかく表札に彼女の旧姓を含めて3つの名前が書いてあったんだよね。「はあ……」と思って、俺はそのままブザーも鳴らさずに帰ったんだけど。

## 「俺はそいつを殴ってぶっ殺してやろうと思って、胸ぐらを掴んでやろうとしたんだけど、グッとこらえた」

——あっ、本当は会おうとしていたんですか？

**山本**　うん。でも俺は場所が確認できたからいいやと思ってね。普通だったら呼び出すとかするでしょ。

——まあ、どういう気持ちであれ、会って話したいですかね。

**山本**　俺としてはね、彼女にこう言いたかったわけですよ。「もし別れたいんだったら正式に言ってくれればいいよ。あるいは第三者を通して『山本さん、彼女が別れたいと言ってますけどどうしますか？』ってなれば俺はしょうがないなと思ってすぐにハンコを押すよ」と。そんなね、ごねたりとか殴ったりはしないわけですよ。

——当たり前ですよ（笑）。

**山本**　でもイメージでは俺はそういう人じゃないと思われてるんで。

——狂人（笑）。

**山本**　だから完全犯罪をするために彼女はそういう行動を起こしたんだけど、家が建っているのを見たらさ、それはもう1年も前からの計画的なものじゃないかと思ってさ。

——週プロの編集長を辞任したあたりからじゃないかと。

**山本**　だって家を建てるのに何カ月もかかるし、土地はどうしたのとかってあるでしょ。

——建売じゃないですか？

**山本**　わかんないけど。でも家を買うにしたって、彼女は働いていないから銀行はカネを貸さないわけでしょ。でもサラリーマンをやってる人間の名義だったら借りられるでしょ。

——会社員ならローンは組めますね。

**山本**　それはどうなってたのかわかんないけど、そのあと俺は家に帰って、最初で最後の電話をしたんですよ。宅急便の伝票に書かれていた電話番号に。そうしたら出たんよ。

——もう電話もつながってたんだ（笑）。

**山本**　それが最後の会話になったんだけど、電話をしたら彼女が出たんよ。そうしたら、長年一緒に生活してきた感じだったのが完璧に他人扱いなんですよ。雰囲気としては「私はあなたから逃げたのよ。もう放っておいてよ」みたいな感じで完璧に切っちゃってるわけですよ。その雰囲気が出てきた時点で、もう普通の人間同士で成立する会話じゃないんですよ。

——「どうしました？」みたいな。

**山本**　それで俺は追求しようとしたんだけど、いちばん嫌な言葉を言われたんよ。「もう私の家の前をウロウロしないで」って。

——姿を見られてたんだ!?

**山本** いや、本人は見ていないんだけど、近所の人たちが教えてくれたらしいんよ。「変な人がウロウロしてたよ」って。

——「狂人がいましたよ」(笑)。

**山本** それで「ウロウロするな」って言われたからさ、俺はその言葉を聞いたときに「もう完璧に終わったな」と。その瞬間に俺は納得してシャッターを降ろした。で、その前にもう1個出来事があって、逃げた明くる日に自分の娘の小学校にも行ったんよ。歩いて、俺は小学校に行ったことがないから探して。

——行ったことがないんだ(笑)。

**山本** そうしたら夏休みなんですよ。

——8月中旬ですもんね。

**山本** でも先生が出てきたんよ。それで「俺はじつはこういう者です」と。それでいろいろ聞こうとしたらさ、「もうこの小学校にはいませんよ。転校しています」と。

——えっ、もう? 新学期からじゃなく?

**山本** うん。「在籍していません」と。もう違う小学校に転校してた。それで俺は「どこに転校したのか教えろ!」と言ったわけですよ。そうしたら先生は「いえ、絶対に教えられません」と。

——まあ、事情がわからないから言えないんでしょうね。

**山本** 「いや、俺は親だよ!?」と。本当に俺はそいつを殴ってぶっ殺してやろうと思って、胸ぐらを掴んでやろうとしたんだけど、グッとこらえて。

——そんな狂人には絶対に教えられませんよ(笑)。

**山本** 「世の中はこういうもんか……」。コイツを相手にしちゃダメだな」と思ってね。それで後日、家を見つけたときに近くに小学校があったんよ。「あっ、ここか」と思って今度はその小学校に乗り込もうとしたんだけど、「もういい。やめた!」と思いとどまって。もう世の中の理屈と非情さが俺にはわかってたから、そこは降りた。だけど俺はもう探偵と化しているわけですよ。

## 「頭にきて生命保険を解約して返ってきた240万、競馬に全部ぶち込んで負けてやったよ。1週間で!」

——探偵と化しているわけですか(笑)。

**山本** 「よし、次は葛飾区役所だ」と。要するに「住民登録はどこだ!」と。それを見てビックリしたよ。そこに書いてあったのは足立区の住所じゃなかったんですよ。大阪の実家の住所に転居してることになっていたんですよ。俺の家から住所を抜いて、お義父さんとお義母さんの家に住所を移してるんですよ。そこまでやってるわけですよ。

——ワンクッションかましていたわけですね。

**山本** 「これはとんでもない女だな。完全犯罪をやったな」と。

でも足立区の新居はもう見つけてるからいつでも捕まえることができるわけですよ。「なんだ、おまえは！」という形でね。見張っておけばいくらでも捕まえられるんだけど、俺はそれをすることはやめた。「俺はもういい」という形でね。

——向こうの決意の程も知れていますからね。

**山本**　でも彼女が俺に対して誠意を示したことがふたつあって、ひとつは俺は虫歯だったんよ。それで猪木さんも治療してもらってるところに通っていたわけですよ。そこでいろんな治療を受けてたらさ、かまされたわけですよ。

——かまされたとは？

**山本**　歯を治療するのに100万くらいかかるんですよ。そんなもの普通はありえないわけですよ。ぼったくられてるわけですよ。それを彼女に連絡したら、100万を振り込んでくれてさ。

——えっ、そんなやりとりもしたんですか？

**山本**　なにが？　いや、俺は住所を知ってるから連絡したわけですよ。

——いやいや、さっきのが最後の会話だったんですよね？

**山本**　あっ、それは手紙を書いて連絡したわけですよ。そうしたら100万振り込んできた。

——「歯は大事よ」と（笑）。

**山本**　だから俺は言ったわけですよ。「キミはお金をいくら持っていったの？　それは教えろ」と。

——家にいくらカネがあるのか把握してなかったんですか？

**山本**　把握してないんよ。俺は退職金だけは知っているわけですよ。1000万。それとメガネスーパーのアレからいろんな形で600万もらってるんですよ。

——メガネスーパーのアレから。

**山本**　だから、それだけで1600万あるわけだよね。

——把握していただけで。まあ、その倍以上はあったんじゃないですかね。

**山本**　あったよね。だから「それだけは教えろ」と言ったんだけど、絶対に教えないわけですよ。俺は知りたかったんですよ。「もう養育費も払わなくてもいい」という形になってたからすべて放棄していいわけですよ。でもね、俺はどれだけ稼いだのかっていう自分の実績を数字で知りたかったんですよ。それを知らせなかったことは頭にきてるんだよね。もう1個は、生命保険があったんだけど、それは俺のものだろと。「俺はその生命保険を解約したいから返せ」と言ったら送ってきたよ。それで解約したら240万返ってきたのかな、競馬に全部ぶち込んで負けてやったよ。1週間で！

——すげー！（笑）。

**山本**　頭にきて。

——頭にきて（笑）。

**山本**　まあ、歯医者と生命保険、そのふたつの点では俺は彼女に感謝してる。

――偉いですよ、山本さん。

**山本**　それで1999年1月31日にジャイアント馬場さんが亡くなったでしょ。そのあとレスラーがみんながノアに移って、残ったのは渕（正信）と川田（利明）、それと（和田）京平ちゃんだけですよ。そこで全日本プロレスは解散して名前をボツにすればよかったわけですよ。馬場さんは言ってたわけ。「俺が亡くなったら全日本プロレスはもう歴史から消してくれ」と。

――一代かぎりだと。

**山本**　それなのに元子さんは女の人の意地で存続させたんよ。全国をサーキットしたわけですよ。そのとき俺はカネがあったのか知らないけど、自腹で全部回ったんよ。

――自腹でシリーズ全部観に行ったんですか。

**山本**　自腹で全部行ったんよ。それで高知の次の日が松山で、高知から松山に行くには山を越えていくわけですよ。バスで。凄い山ですよ。「四国は秘境だな」ってビックリしたもん。それでバスが山の中を走っていたときに電話がかかってきたんよ。

**『山本さんがいないとき、ときどき男の人が家に来てましたよ』って。『いまさら言うなよ‼』みたいな（笑）」**

――誰からですか？

**山本**　彼女の弟から。「おう。なに？」って聞いたら「山本さん、知ってますか？　ウチのおねえちゃんは山本さんの部下とそういう関係になってるんですよ」って言われて、「えーっ⁉」って。だから離婚して2年後くらいに俺はそのことを知ったんだよね。

――そんなにタイムラグがあったんでしたっけ？

**山本**　そう。97年に逃げていったから、2年後の99年ですよ。俺は四国の山の中でそれを聞いたんよ。「えーっ⁉」ってビックリして。

――弟さんもどういうつもりで教えてきたんですかね。

**山本**　まあ、彼は俺の味方なんよ。俺はお義父さんとお義母さんとも仲がよかったし。だから教えてくれたんですよ。

――山本さんのリアクションも見たかったんでしょうね（笑）。

**山本**　そこで「えーっ⁉」となり、俺は初めてその事実を知って、確認作業に入ったわけですよ。

――そのことを知った瞬間はどう思ったんですか？

**山本**　全日本プロレスの後楽園大会で、南側の通路のふた席を元子さんがプレゼントしてくれていた時期があったんだよね。そこにかならず彼女と娘が一緒に座って観ているわけですよ。そこになぜか知らないけどいつも彼がいたんですよ。まるでお友達のような感じでね。

――セットなんですね。

**山本**　外から見ていたら、「ああ、キミは偉いな。俺が観戦に行けないから、代わりに面倒をみてくれてるんだな」って思っていたわけですよ。そうしたら、そうじゃなかったんだよね。辻褄が合ってくるわけですよ。で、そのことを知ったあとに近所の人に聞いたら、「山本さんがいないとき、ときどき男の人が家に来てましたよ」って。「いまさら言うなよ!!」みたいなね（笑）。もっとおもしろかったのは、立石にヤマハの音楽教室があるわけですよ。そこに彼女と娘は月曜にピアノを習いに行っていたわけ。

——親子で。

**山本**　うん。家にもピアノがあったわけですよ。俺はそこの先生とも顔見知りだったんで、「先生、家族が家からいなくなったんだよー」って言ったら「それはあの人が一緒でしょ」って言われたんよ。

——えっ!?

**山本**　「えっ?」って言ったら「ピアノの発表会にいつも来てましたよ」って言われて。知らないのは俺だけですよ！　俺は裸の王様ですよぉぉ！　誰かが言ってたもんな、「彼は青砥に住んでた」って。それはウソか本当かは知らないよ。でも青砥って隣の駅ですよ。それでもう何もかもわかって視界が開けてきて、「かぁ〜……」と思って。完全にこれはしゃーないなと。でも彼もおもしろいわけですよ。俺のことがめちゃくちゃ好きなわけですよ。

——いちばん好きでしょう。

**山本**　髙田延彦が宮戸（優光）と編集部に殴り込んできたときに俺を庇おうとしていたからね。親衛隊みたいなものですよ。俺が『ザッツ・レスラー』で「マッチ一本の希望…UWF!」って書いた名文があるんだけど、彼はそれを自分の机の上に貼っていたしね。それで彼女が逃げた明くる週に全日本の『サマーアクションシリーズ』の開幕戦があったんですよ。それに俺は行ったんですよ。そのときもまだ「いやあ、かみさん逃げたなあ」と思っていたんだけど、たしかそのとき会場で彼と会った記憶があって（笑）。ちょうどその日はさ、よく憶えてるんだけど競馬の札幌記念でエアグルーヴが勝ったんだよね。それで全日本の山形大会に行ったときも彼がいたんよ。

——それは四国からの流れですか？

**山本**　うん、流れで。そうしたら彼が「山本さん、今日の夜はどうですか?」って聞いてきたんで、「ヒマですよぉ」って言ったら「ちょっと私と一緒に飲みませんか?」って。そんなことといままでなかったんですよ。

——それは四国で聞いたあとですよね？

**山本**　そう、聞いたあと。それで行ったら、彼はかみさんのことは何も言わないで「山本さんは会社を辞めても、何があっても生きていける人です。ボクにはそんなことはできないです」と。要するに俺はフリーでできても自分はそうじゃないっていうことを言って、俺を持ち上げるわけですよ。そのとき、本当は言いたいことがあったと思うんだよね。

――そうなんでしょうね。

**山本**　要するに、彼の中では「山本さんは奥さんが逃げても大丈夫ですよ」って言ってるわけですよ（笑）。俺はタフだからっていうので。「自分はそういう人間じゃないから山本さんみたいな生き方はできません」って言ったんだけど、彼がいまやっていることはまるでターザン山本の跡継ぎみたいにさ、トークショーをやったり、教室をやったり、解説をやったりとかしてるじゃない。

――やっていけてるじゃないかと。

**山本**　凄いやっていけてるわけですよ！　あんな根暗な男がこんなになるとは思わなかったよ、俺は。まあ、いいことだけどね。

**「お義母さんが俺にこう言ったよ。『家に芸術家はふたりいなくていい』と。『えっ、彼女って芸術家だったのかな?』と思って」**

――じゃあ、そのときは結局打ち明けられず？

**山本**　だから間接的に打ち明けてきているわけですよ。それが俺にはわかったんですよ。

――それは知ってるからですよ。知らなかったらわかんなかったですよね。

**山本**　そうそう。でも俺は「これは別の形で打ち明けてきているんだな」と理解して、「ああ、よかった」と思って。それで、その件についてはまったく触れないでね。だからいまだに彼からはかみさんや娘のことを俺は1回も聞いたことがないよ。「どうしてるの?」とかいっさい聞いたことがない。だから俺はべつに恨んでいないわけですよ。

――まあ、男女間の問題ですもんね。

**山本**　俺はまったく恨んでいないんですよ。だって恨んでたら会場で会えないでしょう。だからそういう点では俺はちょっと楽観的というか。

――ちょっとした猪木イズムですよね。

**山本**　完璧な猪木イズムだね。猪木さんは何があっても、「まあ、いいじゃん」って人だもんね。

――「どうも！　お元気で！」って（笑）。

**山本**　そう、俺もそういう点では猪木さんっぽいんですよ。普通なら俺から「どうしてる?」って聞くんだけど、俺から聞かなかったら向こうも言わないでしょ。

――たしかに。

**山本**　あれから23年経ってるけど、俺は彼女や娘と会ったこともないし、話したこともないからね。いま何をしているのかもわからないですよ。ただ、娘が短大に行っていて、ハタチくらいのときの年末にお義父さんから電話がかかってきて、「子どもが生まれたんだよ」って言われて「ハタチで子どもを生んだぁ!?」って俺はビックリしたんだよね。そのことを俺が日記に書いたら、彼女が激怒したらしいよ。「あの人とはしゃべらないで!」って。でも、俺とお義父さんとはツーカーだからさ。

――「山本くん、キミもおじいちゃんだよ」と。

**山本**　で、俺はその瞬間にピーンと来たよ。「娘は彼女から逃げようとしているな」と。結婚して子どもを作って独立して、その圧力から離れたいんだろうなと。

――そういうもんですか。

**山本**　だって、もともと彼女は実家から逃げたいっていうので俺のところに来たんだから。そもそも俺を愛してるとは限らないんですよ。家族とは別のところに行きたいという願望があって、そのための手段として結婚っていうのがあるんですよ。結婚することで家から逃げたい。その「逃げたい」のほうが「この人と一緒になりたい」よりも先にあったわけですよ。

――そういうもんですか。

**山本**　だって俺、16歳も歳上のおっさんですよ。しかもバツイチですよ。なんでそんなんと一緒になるんだよ?

――そんなのべつに不思議でもなんでもないですけどね。まあ、「男の趣味が変わってるな」とは思いますけど(笑)。

**山本**　彼女は俺と結婚することで、実家から逃げ出すことに成功したわけですよ。それでさ、お義母さんに「いやー、いなくなっちゃいました」って言ったときにさ、お義母さんは俺に同情してすぐに東京に会いに来てくれたんよ。それで1週間かけて家の中を全部綺麗に掃除してくれて。それでお義母さんが俺にこう言うんですよ。その言葉が衝撃的だったよ。

――なんて言われたんですか?

**山本**　「家に芸術家はふたりいなくていい」と。

――ああ、なるほど。

**山本**　「えっ、彼女って芸術家だったのかな?」と俺は思ってね。

――まあまあ、そこの疑問はいいじゃないですか(笑)。

**山本**　お義母さんは彼女のことを芸術家だと思っていたんですよ。陶芸家としてね。あともうひとつ言われた。「私はあの子から言われたんですよ」って言うから「なんですか?」って聞いたら、『私はあの人から愛されたことがなかった』って言われた」と。俺はそのふたつの言葉が衝撃すぎてトラウマになったよぉぉ!

**「寒い冬の日に一緒に銭湯に行った思い出があるんだよね。そういう神田川の世界があったわけですよ!」**

――それではお聞きします。山本さんは愛していなかったんですか？

**山本**　ハッキリ言うよ……。めちゃくちゃ好きでしたよ……。

──めちゃくちゃ愛してました？

**山本**　めちゃくちゃ好きですよ！　俺は2回結婚しているけど、2回ともめちゃくちゃ好きでしたよ！　1回も浮気をしたことがない。でも彼女に対して、愛にふさわしい行動を共にしたとは言えない。俺は勝手に生きてるから。

──その想いを表現したことはないと。

**山本**　していないし、共通の実体験もしてないし、愛というものにまとわりついてくる具体的なこともしていないから、愛を確認できる実体が彼女たちにはないわけですよ。俺は好き勝手に生きてるから「愛された」という一般的な実体験がないわけ。そこが俺の矛盾なんですよ。

──じゃあ、離婚は当然の結果でもあるというか。

**山本**　でも自分の中では理想のマドンナ、「いちばん好きだ！」っていうのがもの凄くあるんですよ！

──せつねぇ……。

**山本**　寒い冬の日にね、一緒に銭湯に行った思い出があるんだよね。そんなことを考えたら凄いよぉ。

──思い出はそれくらい（笑）。

**山本**　そういう神田川の世界があったわけですよ！　もうひとつトラウマになっているのは、彼女が逃げたあとのある日にさ、家に内容証明が届いたんよ。内容証明っていうのはシビアだよね。

──内容証明なんか普通はもらわないですからね。

**山本**　それは彼女からだったわけですよ。そこには弁護士から「離婚届にサインをしてください」っていうのが書いてあったから、「これだけ長い結婚生活だったのに結果的にこうなるのか……」っていうショックを感じて、俺はその弁護士に電話をして「内容証明が来たのはわかるけど、現実はこうなんだよ」ってことを説明したんよ。そうしたら弁護士も理解してくれて引っ込めたよ。

──引っ込めた？　離婚届にサインはしますよね？

**山本**　いや、俺はサインしてないんだよ。

──えっ、なんでですか？

**山本**　いやいや、「俺はまったく悪くないんだよ」と。弁護士にも「その件に関しては納得していないから、俺はサインをしない」って言ったんよ。そうしたら向こうもいろいろと事実を知ってさ。

──じゃあ、すぐに離婚が成立したわけではないんですね。

**山本**　でも「そんなことを言ってても仕方がないか」ってことでサインしたけどね。たしか内容証明は2回来たのかな。人間関係が壊れるとこうなるのかってね。まさかずっと生活していた女性から内容証明が来るとは思わないもんね。

──今回はちょっと重い話でしたね。

**山本**　ハッキリ言ってね、重かろうが軽かろうがこれが事実だから。事実は事実なんですよ。ファクトだから仕方がないわけですよ。で、こうやってしゃべってるから俺もラクになるんですよ。これを心の中で溜めてたらヤバイわけですよ。

――勉強になります。

**山本**　一歩間違えば誰にでも起こりうるわけですよ。相手が本当は何を考えてるかなんてわからないわけですよぉ。これだけは言っておく。あのね、女性にお金を持って帰るのが男という生き物なんですよ。

――メモります。

**山本**　俺は会社を辞めた時点で収入が3分の1になったわけですよ。だから彼女は俺を見切ったんですよ。

――山本さん、今回はここで止めましょう。

**山本**　あっ、重たかった？

――重かったですけど、それはすなわち、おもしろかったってことですよ（笑）。

**山本**　もういろんなところでしゃべってることだから内容が重複してるだろうけど、知らない人も山ほどいるから載せてもいいわけですよ。起こった事実は話さないと。それを隠すことはできないんですよ。

ターザン山本！（たーざん・やまもと）
1946年4月26日生まれ、山口県岩国市出身。
ライター。元『週刊プロレス』編集長。
立命館大学を中退後、映写技師を経て新大阪新聞社に入社して『週刊ファイト』で記者を務める。その後、ベースボール・マガジン社に移籍。1987年に『週刊プロレス』の編集長に就任し、"活字プロレス""密航"などの流行語を生み、週プロを公称40万部という怪物メディアへと成長させた。

# 兵庫慎司のプロレスとはまったく関係ない話

## 第66回 それはわざわざ言うべきことか？

**兵庫慎司**

（ひょうご・しんじ）1968年生まれ、広島出身、東京在住。音楽などのライター。雑誌は『週刊SPA!』など、音楽ウェブサイトはSPICEやリアルサウンドなどで主に音楽に関する記事を書いたり、インタビューをしたりしています。自分が観たライブもしくは配信ライブすべてをレポするDI:GA ONLINEの連載『とにかく観たやつ全部書く』、月2回ペースでアップ中。ペールワンズのお店『HOLY SHIT』の徒歩圏内に住んでいて、前をよく通るのですが、オープンから1年半経ついまも、入る勇気がありません。

たしか11月5日（木）の放送だったと思う。TBSラジオの『伊集院光とらじおと』で……って、この連載、最近いつも「伊集院光が言ったこと」をとっかかりにして、書き始めていますね。情報源がほぼ伊集院。いいのかそんなことで。と悩み始めると「そろそろ書いて送ってください」という井上ヤマモト編集長（私が以前から主張している「いっそこのように改名してください」という提案です。「ヤマモト」をカタカナにしたのは、私の敬愛する「松尾スズキ」に倣いました）の指令に応えられなくなるので、このままいきます。

さて。昔、伊集院がテレビの仕事で行列のできる餃子屋に取材に行ったら、「イスを間引いて店内に入れる人数を減らして行列ができるようにしているんです。行列ができていれば人は並びますから」と店主が言っていて、「はああ!?」となった、と。

その行為自体はいい。ただ、取材に来たテレビの人間にバラすべきこと？言わないほうがいいんじゃないの、どう考えたって。

そういえば以前にも伊集院、同じく餃子関係で、これと近い話をしていた（「書いていた」だったかも）。テレビ番組で、餃子屋数軒が並んで店を出し、どの店がいちばん売上が高いか、という企画のときのこと。オープン時間になり、ほかの餃子屋が商売を始めてもわざと店を開けず、じわじわと行列ができ、それが最大限に伸びたところで開店、行列が行列を呼んで大人気、という店が、優勝したそうだ。そこで「準備に手間取ってオープンが遅れて」とかごまかせばいいのに、わざとそうしたことを明かし、「作戦勝ちです」と宣言したという。どうでしょう。これも「やるのはいいけど、バラすべきこと？」という話ですよね。

書いていてもうひとつ思い出した。現在首都圏に数十店以上、全国各地にも支店を出している某餃子チェーン。そのチェーンがまだ数軒しかなかった頃、飲食業界用のウェブサイトで、創業者がインタビューを受けていたのを読んだことがある。彼はこれ以前にも、飲食店の経営をやってきたそうだが、「チェーンの餃子店」という形態だったら、店に「職人」を置かなくてもい い、ということに気がつき、「これは強み だ!」と、本格的にフランチャイズ展開に 乗り出すことを決めた、という話をしてい た。本部で餃子を作って各店におろして焼 くだけ、だから各店に「職人」=ちゃんと した料理人がいなくてもいい、という、セ ントラルキッチン方式ってことですよね。

わかります。わかりますが、「うちは全 店職人がいません」って、そんな声高らか にアピールすべきこと? ファーストフー ドじゃないんだから。いや、要はファース トフードなんだけど、そこはなんとなくぼ かしといたほうがよくない? 飲食業界サイ トなので、一般の人は見ないだろう、とい う判断だったのかもしれないが、僕みたい な部外者も、こうして普通に読んでいるわ けで。まあ、さっきの伊集院の例と比べる とはるかにましだし、現にそれ以降、破竹 の勢いで店舗を増やしているので、その経 営手腕はたしかなんだろうけども。

書いているとどんどん思い出す。15年く らい前の雑誌って、『週刊SPA!』なら「日刊SPA!」、『週刊文春』なら「文春オ ンライン」みたいに、各誌がしっかりした ウェブサイト版を持っていたりする現在と は違って、雑誌の販売を拡充する程度が目 的の、次号予告と編集部のブログ、くらい のホームページを持っていることが多かった ですよね。そんな感じの、某映画雑誌の「編 集部日記」を読んで、愕然としたことがある。

その雑誌、社内の人事異動で、他部署か ら新しい編集長が来たところで、その彼が 書いていた。着任して、過去1年のその雑 誌の表紙になっている映画本を、1本も観 ていないことに気がついた。だからいま、 毎日家に帰ると1本ずつ観ている、いやあ、 どれも、本当におもしろい——。

おい!

と、声に出して言いたくなった。この1 年で表紙になった映画を1本も観ていない 人間が編集長になった、ということを、な んで読者にお伝えしたいのよ?

「そんな奴、編集長にするなよ」とは思わ ない。編集者もサラリーマンなんだから、 週刊誌の編集長だったのがスポーツ誌に行 くとか、ずっと編集畑だったのが営業部に 異動とか、そんなのはあたりまえにあるこ となので。だからそれはいいし、表紙に なった映画を1本も観てなかったことだっ てべつにいいんだけど、ただ、それをわざ わざ読者に知らせることないでしょうよ。 上司か誰かがチェック入れるシステムはな かったんだろうか。なかったとしても、 アップしたあとに読んで「こんなこと書く んじゃねえ!」って削除しないんだろうか。 しなかった。その後もずっと、そのまま だった。ということまで含めてびっくりし たので、いまでもよく憶えているのでした。 以上、「言っても得しないこと」はべつにい いけど「言うとあきらかに損なこと」には 気をつけましょう、という話でした。私も 自戒します。簡単にやらかしそうだし。

しかし、こういうことを考えていると、 本誌における井上ヤマモト編集長とかマッ スル坂井氏は、言わなくていいことしか 言っていない風でありながら、本当に言わ なくていいことは決して言っていないのが、 あらためてよくわかったりします。

KAMINOGE COLUMN

元気が一番、元気があればなんでもできる。元気がないと……ヤバイよね。

店長
うちの町内の人がコロナ感染したんですよ
え
隣のおばさんが濃厚接触者でPCR検査受けてます
田舎だからって油断できませんよ
検査の結果は？
ピロリン ピロリン
まあ陰性だったんだけど
やべえなすぐそこまで来てたのか
え
くスターフィッシュ
今までありがとう。オレ死ぬわ。元気でな。
マジか！
仮面サンクス
古泉智浩
第73話 コロナ鬱
サ
クリスマスケーキ受付中

おい
スターフィッシュ
どうした?
何かあったか
パンサー
オレもう無理だから
生きてても何一ついいことがない
死ぬ
おいおい
アホなこと言ってねえで
筋トレでもしろよ
すっきりするからよ
……筋トレはジムがコロナでやばいから
ぶはははは
死ぬやつがコロナ怖い?
ギャハハハハ
ふざけたこと言ってねえで元気出せよ
……

筋トレなら家で自重トレーニングでもいいしよ
……
気合入れてがんばれよ
弱音なんか吐いてんじゃねえぞ
……
蟻の穴の地獄の特訓思い出せ
プツ
あれ？
電話切られた
人がせっかく励ましてんのに
店長
盗み聞きするつもりはなかったんですけど
お友達コロナ鬱じゃないですか？
ショービジネスの世界は今大変な状況で……
コンビニ業界だって大変だぞ
ふざけた男なんだよこいつは
大酒飲みだしよ

それに鬱の人に
一番言っちゃいけないのが
「がんばれ」と「元気出せ」です
え……
マジかよ
もう一回電話してみる
プッ
プッ
プッ
プー
出ない
おかけになった通話は……
おい……
店長……
最悪の場合……
ちょっと頼むわ
いや遅くなるかもしれない
だだっ
つづく

# 2020年の伊藤健一

kenichi ito in 2020

**読み飛ばせ！　ハンカチは用意しなくてOK！**
**10・27 QUINTETで秒殺大号泣した男が**
**気丈にも頼んでもいない手記を書いて送ってきた。**

文：伊藤健一　（闘うIT社長／ターザンウォッチャー）　写真：@ULTIMATEROYELE

## 宇野さんから「健一さんは出ることはできますか?」とまさかのオファーが……

2020年、私は年始から絶好調であった。

まず、1月26日に『ZST67』でプロレスラーの飯塚優選手と闘い、ヒールホールド3連発を極め快勝! 調子に乗った私は、つい試合後に桜庭和志への挑戦状を叩きつけてしまうほどノリノリだった。

私生活では、愛車を小ぶりなBMWからレクサスへとアップグレードし、生まれも育ちも港区でありながら、井上編集長から「イトケン、おまえは246も知らないのか……」と驚愕されるほど都内の道を知らなすぎるのだが、ひょんなことから編集長が溺愛している女子格闘家、浜崎朱加選手を送迎する機会があった際、浜崎選手からは「伊藤さん、道くわしいですね」とお褒めの言葉をいただき、編集長から「おまえほど勝ち星に恵まれている男はほかに知らない」とやはり驚愕されるほどの勝ち組ぶりであった。

余談だが、先日、編集長は「浜崎さん、もし俺が死んだら泣きますか? 葬式で弔辞を読んでくれますか?」と浜崎選手に謎の問いかけをし、浜崎選手もしょうがなく「もちろん泣くし、読みます」と返事をすると「うわ〜! イトケン、葬式の仕切りは頼む! あと弔辞を読むのはターザン山本と長州力だ! 奇しくも3人とも山口出身……!!」と私に遺言を残すくらい2020年は編集長も終始ご機嫌であった。

秋口には『KAMINOGE』でもおなじみの五木田智央さんの個展が六本木で開催された。

会場は私のオフィスから徒歩1分ほどの場所だったので、初日に個展を見たあとの編集長から「イトケン、お茶しよう」と誘っていただき、カメラマンのタイコウさんとともにおじさん3人で六本木でキャッキャ言いながら「甘いの」(スイーツ)を堪能した。

さらにその数日後、私が同い年ながら尊敬をし、大井洋一と「宇野薫ラブ同盟」を作るほど大好きな宇野薫選手からも五木田さんの個展を見に行くという連絡をいただき、五木田さんの描いたTARZANTシャツをコーディネートしてきた宇野さんと個展会場で写真を撮り合って楽しんだ。

その帰り際。10月に後楽園ホールで開催されるQUINTETに宇野さんもチームを率いて参戦するという噂を聞いていたので、「メンバーは誰なんですか?」と質問してみた。

すると宇野さんから「健一さんは出ることはできますか?」とまさかのオファーが……。

私は思わず、「えっ……」と鳩が豆鉄砲を食らったような表情を浮かべてしまい、そのときは返事をすることができずに立ち尽くすのみであった。

しかし宇野さんと別れたのち、私はすぐに後悔した。どしょっぱい、自分にアチャーだ。

毎日、コンビニの前でたむろっていたボンクラ大学生時代、すでに修斗のリングで大活躍していた宇野薫。

当時付き合っていたカヒミ・カリィ似のオリーブ少女だった彼女も知っていた宇野薫。

その宇野薫と同じチームで後楽園ホールで闘えるなんて、信じられないほど名誉なことじゃないか！　私は何を迷っているんだ！


さっそく私はその日から、自分のできる限りの練習をしようと追い込みを開始した。

そして数週間後、宇野さんから正式な出場オファーがあり、私は「よろしくお願いします」と答えた。宇野薫率いる「TEAMONEHUNDRED」の加入が決定した瞬間だった。


しかし冷静に自分の戦力を分析したとき、厳しい闘いにはなることは容易に予想でき、ある程度の覚悟はしていた。QUINTETは私の得意技であるヒールホールドが禁止であり、自分よりも体重の重い相手と闘う可能性も高い。

全出場選手を見渡したところ、「所英男チームの中村大介選手にはいちばん勝てる

確率が低い。中村選手とは絶対に当たりたくない」と心の底から思っていた。

## 中村選手が得意とするダブルリストロックをいちばん警戒していたのだが……

そして運命の組み合わせ発表。

私たち「TEAM ONEHUNDRED」は、所英男率いる「TEAM TOKORO PLUS α 2nd」と1回戦で激突することになり、そして何かに導かれるように、いちばん闘いたくなかった中村大介選手と私が3番手同士に……。

そのとき、ターザンチルドレンの端くれである私は、ターザン山本のかつてのマネージャー・歌枕氏の伝説の名言「墓穴を掘る」という言葉が脳裏に浮かんだ……。

大会当日。運命の1回戦。

両チームとも先鋒、次鋒ともに引き分けで、本当に3番手の私と中村選手の対戦が実現してしまった。アチャーだ。

じつは大会までの1カ月間、私は中村選手の試合映像を観て研究しまくっていた。研究をすればするほど自信を喪失していったのだが、私は絶対にその不安を顔に出さないと心に決めていた。

むしろ私の目には、マット上で対峙した中村選手のほうが、団体戦ならではのプレッシャーからか、非常に緊張しているように見えた。

「これはいける……!!」

試合が始まった。私は戦前、少し立ち技の勝負をしようと考えていたのだが「飛びつき腕十字が来たら嫌だな」と思って安易に下を選択した瞬間、いちばん警戒していた中村選手が得意とするダブルリストロックを食らってしまった。

最悪な展開だ! アチャー!

さらにそこから腕十字へと移行されて、私はあえなくタップアウトした。

秒殺負けだった……。アチャー……。

次の瞬間、私は東京ドームでモーリス・スミスにKOされたときの鈴木みのるのように後楽園ホールのど真ん中で号泣してしまった。その涙の理由はいまでもわからない。

私はここで再度、「TEAM ONEHUNDRED」のメンバーたち、そして宇野薫に心よりおわび申し上げたい……。

ちなみに私が負けたことにより、宇野薫vs所英男というドリームマッチが実現。堀江ガンツ氏が「これがUWFだ」と絶賛したように、宇野vs所は私が高校生のときに後楽園ホールで観た安生洋二vs田村潔司の回転体を超える名勝負となり、後楽園は爆発した。

大会終了後、依然、嗚咽の声が漏れるほどに号泣する私に向かって「イトケン!」と乳首を触ってはしゃいでくる編集長はやさしかった。

ありがとう、井上編集長。葬式の仕切りはどうぞ私におまかせください。

# マッスル坂井と真夜中のテレフォンで。

# 11/14

MUSCLE SAKAI DEEPNIGHT TELEPHONE

**リングの外のほうが非日常だったりして、我々がリングの中での非日常が描きづらいっていうことはいまだ変わらないです。ただし！ プロレスは極めて不思議！ やっぱりちょっと変！**

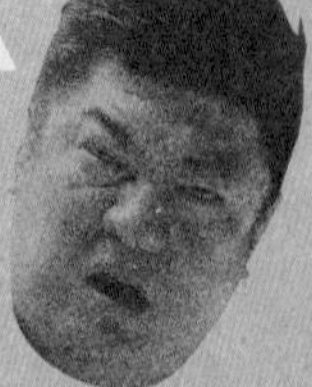

**「やっぱりプロレスラーは拍手や歓声をもらってなんぼの仕事だとは思う」**

——お父さん、5日くらい前に後楽園ホールでまた伝説を作らなかった？

**坂井** 伝説？ ああ、井上さんは観に来なかった『まっする3』のことですね（笑）。

——そ、その日、私は取材が3本入っていまして……。

**坂井** あっ、そうだったんだ。

——そのまま締め切りウィークに突入してしまったので、まだ映像でも観られていないという。でも、当日の夜のSNSを見ていると「マッスル坂井が革命が起こした」みたいな評判になっていて。革命を起こしたの？

**坂井** まあ、ちょっと変わったことをやっちゃいましたね。いやあ、なんて言ったらいいのか（笑）。

——何をやったのか言いなさいよ（笑）。

**坂井** えっ！ 言えないよ！ 言えない、言えない！（笑）。こんなの、誰が読んでいるかわからないので言いづらいですよ。

——なんであとから言いづらくなるようなことを人前でやったの？（笑）。

**坂井** でも、いまはよくも悪くも、秘匿性の高いイベントがやりやすくなってきているじゃないですか。

——後楽園でやっといて、秘匿性を重視するっていうのがよくわかんないですけど（笑）。

構成：井上崇宏

**坂井**　まあ、じつはサムライTVでも中継してもらったんですけど（笑）。だから今回はいつも以上にたくさんの人たちに観てもらった感じはありますね。以前、私たちがやっていた『マッスル』を観ていた人たちがまた観てくれたりしていて、まさに水道橋博士が観た感想をつぶやいてくれたりとか、やっとまたそういうところに届き始めたかなっていう気がしますね。でも、最初からそのためにやったことですから。

——やっぱり後楽園パワーって凄いんですね。

**坂井**　そうそうそう。たしかに後楽園でやることで「観てみようか」っていう気になる人って多いんだなと、あらためて思いましたね。新規で始めたことって、後楽園まで行って初めて外への広がりを見せ始めるというか。それはいまも昔も変わらないですね。前の『マッスル』も、注目され始めたのは後楽園に進出してからですもん。

——やっぱ聖地だね。

**坂井**　それとサムライTVが中継してくれることもデカイですね。今回、5対5のグラップリングの勝ち抜き戦をやったんですね。QUINTETルールで（笑）。

——そうらしいですね。「2・9インテット」（笑）。

**坂井**　それがね、画面の左上にサムライのSマークが出ているだけで、めちゃめちゃそれっぽく見えるんですよ（笑）。いや、それっぽくっていうか、たしかにプロレスラーたちは意地とプライドをかけた闘いをやっているんですよ。お揃いのラッシュガードを着て、さらに青木真也さんが解説をしてくれたりもしてね。そこでもうね、「マッスル坂井は1周まわって何をやってるんだ？」ってなりまして（笑）。

——まあ、よくもそんなことを思いつきましたよね。なるほどねえ。

**坂井**　ただ、QUINTETの後楽園大会はまったく観ていなかったことは、ショナイでお願いいたします!!

——アハハハハ！　ショナイにします。いや、坂井さんはコロナの緊急事態宣言が出たくらいの頃に「いま、プロレスのリングよりも非日常のことが日常で起きている」って言ってて。

**坂井**　そうそう！

——「そんなときにプロレスはリング上で何を見せられるんだ。そもそも見せる必要があるのか？」みたいな話をしていたじゃないですか。

**坂井**　した！

——そしてもう2020年も暮れに近づきまして、リアルタイムにおけるプロレスの意義というか必要性、それはどうお考えですか？

**坂井**　だからリングの外のほうが非日常だったりして、我々は日常がもう非日常化しちゃっているから、もうリングの中での非日常が描きづらいっていうことはいまだ変わらないです。それは『まっする』をやっていてちょっと感じたのと同様に、DDTとして大田区総合体育館でビッグマッチをやったり、東京女子もTDCホールでやったりしましたけど、それを会場や中継で観ていて、たとえいい試合をやってもやっぱ歓声が起こるわけでもないし、お客さん側も応援する選手の名前を呼べるわけでもないし、自分が応援していますよっていうことがなかなか届けづらいし。選手側もその応援に対して応えられているのかっていうのが、お互いに確認しづらいじゃないですか？

――それはもう、ずっとそういう感じですね。

**坂井**　だから配信だけはかならず観ると決めてくれているような人が増えたり、通販でグッズを買ったりとかすることで応援の意思表示をしてくれたりするという、そういう凄くいい感じの状況も生まれてきているんですけど、やっぱりプロレスラーは拍手や歓声をもらってなんぼの仕事だとは思うので。

**「それでもやり続けたプロレスっていうのは、プロレスだからなんだろうなあ」**

――それが大前提でしょうね。

**坂井**　言うならば、声を出して応援してもらって、その応援している選手ががんばることによって、逆に応援する側も少し元気をもらっているというか、嬉しいというか。それがプロレスの本来の意義だったと思うんですけど、なかなかそれがコロナ前を100だとするならば、どう考えても現状は100ではないと思うので。そうなってくると、本当の本当の中心の部分はやっぱり成立していないような気がしますよね。だからこういう時代にチャンピオンになったり、リーグ戦を勝っている人っていうのは、その達成感がコロナ前までを100として、いまも100なのかどうか？　G1の飯伏とかも含めてね。そりゃ100であってほしいですけど、わからんですよ。カネだけじゃないでしょうからね、プロレスって。

――カネの前にあるものって具体的になんですか？

**坂井**　やっぱり、がんばる姿や勝つことで声援をもらって、たくさんの人に元気になってもらうっていうことですよね。自分に声援を送ってくれている人が「また明日から元気に生きよう」と思う気持ちになってもらうことが意外と重要だったりするんですよ。レスラーっていうのは、それが自分の存在意義だと思っているんですよね。じつはプロのレスラーってすべからくそういう感覚なんですよ。

――そのためにプロレスをやっていると。

**坂井**　だけど、やっぱりそれが満足には機能していないわけですよね、どう考えても。配信しているからといって100万人、200万人が観てくれているわけでもないし、はたして何人の人に届いてるのか自分にはわからないんですけど。ただ、いまYouTubeが流行っていますけど、映画とYouTubeで言ったら、プロレスが存在している価値というか、種類としては映画のほうに近いのかなっていう気がします。この1年近く、ずっとコロナと共にやっていて思ったんですけど。

――どうしてプロレスは、この状況下でもずっとやり続けてきたんですかね？

**坂井**　そこですよ。音楽のコンサートとかイベント、フェスなんかは中止や延期になって、たとえやるとしてもめちゃくちゃ規模を縮小してやっているわけじゃないですか。テレビ番組とかもどんどんスポンサーが減って予算が少なくなって、売り上げも落ちて。みんなやりたいことがいっさいできていないわけですよ。そのなかでプロレスっていうのは、どの団体もがんばって興行を続けてきているんですよね。それが本当に俺は凄いと思っていて。ほかのジャンルと比べて、ちょっとビックリするくらい「やろう！」っていう心意気というか、やる前提で動いてるんですよね。やるためには身銭を切って、赤字なのはわかってるけどやる。その覚悟がちょっと凄くて「やらない」っていう選択肢が極めてないんですよ。当初も、地方とかではなかなかやれないけど、東京ではできるとわかったら、全団体は東京ではプロレスをやったんですよね。しかも、そこで誰も足を引っ張り合わなかった。そこも凄いなと思いますよ。俺も自分のなかでのリソースというか、アイデアとか、どういうことができるのかなって考えることにやっぱり時間を割きますよね。そこで初めてではないけど、「DDTのためにがんばらなきゃな、カネとかじゃないよな」って本当に思っちゃえる。だからあらためてプロレスの意義というか、プロレスの凄さがわかりましたね。客席もソーシャルディスタンスで通常よりも間引いているわけでしょ。売り上げだって半分、選手もお客さんも口では言わないけど満足度や達成感は半分。声も出せない、紙テープの投げ入れもできない、握手会もできない。選手側もそこで得られる達成感は半分だけど痛みは倍だろうし。だけど、それでもやり続けたプロレスっていうのは、プロレスだからなんだろうなあ。

——やり続けるっていうことを、プロレスが表現として示したわけか。

**坂井**　もう日本でも何十年以上前からあるジャンルなのに強いっスよね。めちゃめちゃ強いわけではないけど、まったく弱くないっていうか。

——でもたしかにそうですよね。今年、プロレスだけがずっと興行をやり続けていましたよね。

**坂井**　あれはなんだったんでしょうね、本当に。一時は無観客での配信興行とかもやっていましたけど、ソーシャルディスタンスを取りながら興行をめっちゃやっていますよね。不思議でしょうがない。やっぱりちょっと変な業界なんですよ。

——そこには業界全体の妙な連帯感も生まれ。

**坂井**　そう。そこでは一切足を引っ張り合っていなかったですよ。極めて不思議ですね。

——これが2020年のプロレス界だね。

**坂井**　そっか、もう今年1年を総括するタイミングなんですもんね。私も今年はもう仕事納めみたいな感じですからね。でも、坂井精機がやべえ……。

——家業がヤバイ（笑）。

**坂井**　坂井精機がめちゃくちゃやべえ……。

# KAMINOGE №108

次号 KAMINOGE109 は
2020 年 12 月 29 日（火）発売予定！

那須川天心がザ・クロマニヨンズでいちばん好きな曲は『タリホー』だそうです！


2020 年 12 月 15 日
初版第 1 刷発行

**発行人**
後尾和男

**制作**
玄文社

**編集**
有限会社ペールワンズ
（『KAMINOGE』編集部）
〒 154-0011
東京都世田谷区上馬 1-33-3
KAMIUMA PLACE 106

**WRITE AND WRITE**
井上崇宏
堀江ガンツ

**編集協力**
佐藤篤
村上陽子

**デザイン**
高梨仁史

**表紙デザイン**
井口弘史

**カメラマン**
タイコウクニヨシ
笹井タカマサ

**編者**
KAMINOGE 編集部

**発行所**
玄文社
［本社］
〒 107-0052
東京都港区高輪 4-8-11-306
［事業所］
東京都新宿区水道町 2-15
新灯ビル
TEL:03-6867-0202
FAX:048-525-6747

**印刷・製本**
新灯印刷株式会社

本文用紙：
OK アドニスラフ　W A/T 46.5kg